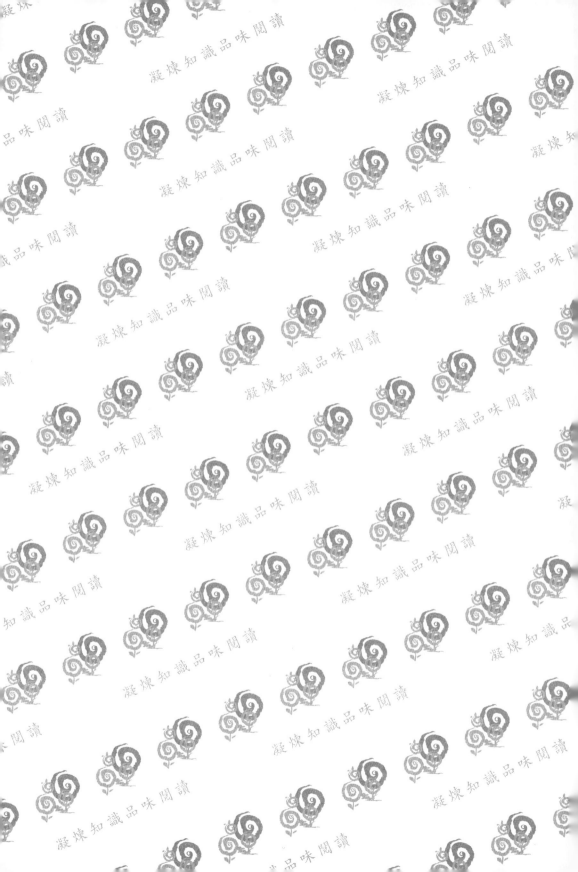

社會組織原理

蔡 宏 進 著

亞 洲 大 學 講 座 教 授
國 立 台 灣 大 學 名 譽 教 授

五南圖書出版公司 印行

重要著作

《社會學》、《台灣人口與人力研究》、《休閒社會學》、《台灣新鄉村社會學》、《鄉村社會發展理論與應用》、《社區原理》、《人口學》、《鄉村社會學》、《鄉村發展的理論與實際》、《台灣農業與農村生活的變遷》、《台灣社會的發展與問題》、《人口與家庭》、《農民與農業》、《鄉村與社會》、《台灣農地改革對社會經濟的影響》、《我國引進外籍勞工可能引發的社會問題》、《*The Impact of Internal Migration on Changes in Population Composition in Taiwan*》等專書，以及出版中英文論文三百餘篇。

 序　言

　　我寫這本書的基本動機有兩點，一來是就自己對社會組織的領域所瞭解的知識作一番整理，使其在個人的腦海中有較系統的認識，第二是供給參閱的學生或同好，能方便獲知有關社會組織的系統概念、理論與實際的關聯知識。

　　自從我接觸社會學以來，逐漸認識社會學領域很注重對社會組織的研究，且研究的範圍包括對個別組織原理的微視分析以及對社會組織性質的巨視探究，前者界定為組織社會學，後者界定為社會組織學，然而兩者間許多研究的課題與原理是相通的。本書取名為《社會組織原理》，有意將巨視與微視的兩種社會組織研究議題加以兼顧與統合。

　　我也曾注意到在較進步的國家如美國，許多大學的社會學系都將社會組織的研究當為核心課程（core course）之一，足見社會組織的研究在社會學研究領域中具有核心的重要地位。多半的社會學概念都可在社會組織的研究中展現出來，由探討組織的內涵與性質也可表達大社會性質的大半部分，這也是社會學系的學生非讀社會組織不可的原因。但有些學系將課程定名為社會組織學，有些學系則使用組織社會學，其實所研討的主要內容都是社會組織的原理。

　　此外我也注意到社會組織原理的研究不僅在社會學上很重要，在社會工作學、政治學，及企業管理學等或其他領域上的研究也都很重要。只是在社會學以外的領域對社會組織的研究可能使用不同的課程名稱，如非營利組織、企業組織與管理、組織行為、組織管理、組織分析、行政管理等不同名稱，內容雖都有其特殊的觀點及特別注意與重視的方向，如較重視應

用。但都未脫離社會組織原理的主軸，也都與社會學在研究社
會組織所得出的觀念無大差異。由此見之，社會組織的原理與
概念應用在其他領域的研究上也很通行。這種觀察使我覺得社
會組織原理是一門值得鑽研與推廣的學問，我乃使用多年的時
間投入此一領域的教學與研究上。

　　我在教學與研究社會組織的過程中發現外文的書籍為數很
多，書名不很一致，但內容觀點頗有相通之處，可用社會組織
原理加以統合。又觀察國內的相關出版書籍，發現由不同領域
的人所用的名稱也各有不同，但中心觀念也都未脫離社會組織
的原理，且見於若干書籍的出版已有些時日，乃更增強作者新
出版《社會組織原理》一書的心意。

　　本書書寫的過程與本人在台灣大學農業推廣學系及東吳大
學社會學研究所多年教授社會組織學或組織社會學課程的經歷
有很密切的關係，若無這些年的教課機會，我可能不會很認真
研讀並吸收社會組織原理的知識，也不會很認真將瞭解的心得
撰寫成書。我於台大退休後，還能在亞洲大學教書，也增強不
少著書的動機與意願，在此特別對此三個單位表示謝意。書稿
完成之後則得力於五南圖書公司的相助，使本書能出版問世，
也一併致謝。

蔡宏進謹識於亞洲大學
二〇〇六年一月

目　錄

第一章
社會組織的意義與性質

第一節　社會組織與組織社會學的意義

人類的社會普遍具有組織性，而所謂組織則可分為靜態與動態兩方面的意義。通常社會組織（以下簡稱組織）都經動態的組織過程，而後形成關係密切的靜態組織體。就動靜兩方面的組織意義，再略加說明如下。

一、動態意義

組織的動態意義亦即指組織的過程。而重要的動態過程則有下列幾項重要型態或性質。

㈠組織的過程有主動與被動之分。主動的組織是指組織的成員為某種目的而主動結合與組織的過程。社會上多數的組織都是由成員自願組成的，故也是主動的。而所謂被動性的組織是指成員在不情願的情況下被迫而形成組織者，軍隊與監獄的組織即屬此類的組織。即使家庭的組織也有被動組織者，如奉父母或兒女之命，不得不勉強組成的情形。

㈡有關組織的動態過程，則包含許多的步驟與階段。從最開始的設定組織體，而後選擇目標、添加設施、促進成員的溝通、規定分工、指派職務、執行任務、加強管理、評估成果，及改進組織等都是重要的過程。這些重要的動態過程將在本書分章加以分析與說明。

二、靜態意義

組織的靜態意義是指具有密切關係的社會組織實體。從一個小團體到一個龐大的社會組織都是組織實體。此種組織實體都包含某些數量的成員，也包括成員所共有的設施、財產，以及其活動空間及其設定的規劃與辦法等，都是組織的實體。

三、組織社會學與社會組織學

社會組織原理涵蓋組織社會學與社會組織學。而組織社會學是指

研究社會組織的科學，包括研究組織的動態及靜態性質的學問，而此種學問是以社會學的觀點與態度來研究的。

組織社會學所研究的對象是社會中各種組織體與其組織過程。此種學問與社會組織學極為相近，但略有差別。社會組織學是將全社會當成是具有組織性質的客體或過程來加以研究的，故通常都較以總體的眼光與角度來看社會。此與組織社會學是較用微視的觀點與眼光來看社會中組織實體及其過程略有不同之處，但兩者相通的概念很多。

第二節　社會組織的種類

社會中存在許多社會組織，這些組織的名稱與性質也有多種。本節乃從各種不同的分類角度將之列舉並說明如下。

■一、團體與結社（group and association）

社會組織中有兩個常見的名詞，也是兩種常見的類型，一是團體，二是結社。團體通常都是指包含人數較少的組織，而結社則是指包含人數較多的組織。

■二、非正式組織與正式組織（informal organization and formal organization）

組織的這兩種分類是按其規則的正式性程度不同而分的。非正式組織是指組織缺乏規則或規則較鬆懈、較不正式的類型；而正式性組織則是指組織都有很明確的規則可循者。通常規模越龐大的組織，也都越需要正式性；反之，規模越小的組織，也較非正式性。

■三、不同目標的組織類型

組織的目標是組織的精神與方向的引導所在，故依目標的種類而分，是組織分類的一個重要目標。從目標的基本性質看，社會上的重要組織類型有經濟的、教育的、政治的、醫療的、宗教的、交通的、社會福利或服務等。多半的經濟性組織都是以營利為目標的組織，也

稱為營利組織，而社會福利或服務的組織都非以營利為目標，故也稱為非營利的組織。

▌四、不同手段的組織類型

每個組織都有目標，為達成目標也必須要採用手段或方法。不同組織為達成目標所採用的手段各有不同，故由其採用的手段也可分出不同類型的組織。如有手段溫和與激烈之分，也有單一手段與多重手段之別。

▌五、不同受益者的組織類型

社會組織的受益者不盡相同，故按受益者的不同，大致上可分為全民受益的組織及局部人受益的組織。後者又可再分為企業家受益、勞工受益、農民受益、學生受益、窮人受益、政客受益、病患者受益等不同的組織性質或類型。

▌六、依規模分

組織的分類也常見以規模大小來分。而規模的指標有多種，重要者有成員數量、投資額、營業量，或產量與產值等。

▌七、依功能分

組織的功能別與其目標別很相近，目標達成即是克盡了功能，克盡了功能亦即達成目標，故按功能別而分與按目標別而分者相當接近。社會上組織的大項功能約可分為經濟的、社會的、政治的、宗教的、教育的、醫療的、娛樂的等。

▌八、依技術水準分

社會組織必須使用到技術，其中生產性的組織技術因素尤其重要。就組織所用主要技術的種類而分，曾有被分傳統技術，及高科技之分。除此，可按技術的基本屬性而分為物理技術、化學技術、光電技術等。

▌九、依成員的順從程度分

　　不同組織成員的順從程度會有不同，有些組織的成員從內心表現心服口服，另些組織的成員可能口是心非，更甚者也有組織的成員都是眾叛親離者。

▌十、多層綜合分類法

　　上述各種組織的分類法都是採單一指標劃分的。組織的分類還可採取分層指標的分類法。多指標可從包含兩種或更多種，指標越多，分類層次越多，也越複雜。

▌十一、分類的功用與限制

　　組織分類與其他事務與現象的分類在功用上大致相同，分類的主要功用是依類型而能更清楚瞭解組織的性質，亦即從同類的組織去尋找通性，供為方便管理組織的目的。

　　然而因為組織的性質複雜，要很正確將其分類很不容易，故組織分類也只能取其大概性質加以歸納，分出大致類型，很難作精密的劃分。

第三節　社會組織的範圍

　　一個組織都有一定的範圍，而範圍也可從多方面的指標加以界定，重要的界定指標約有下列四項。

▌一、分子數目的範圍

　　組織是由社會上的人所組成的，故論其範圍，首先應注意其參與組織分子的數目作為界定的標準。有些組織包含的分子數量很少，但另些組織包含的分子數量則很多。

▌二、地理範圍

　　不一定每種社會組織都在一定的地理範圍，但不少的社會組織都有界定地理範圍。行政組織的地理範圍通常都很明確，也很正確。依照行政區域範圍所衍生的義務教育學區也有很明確的地理範圍。社區組織也是一項有明確地理範圍的組織。

▌三、作業範圍

　　每一個組織都有作業或事務，而其作業也都有其範圍，包括作業的項目及程度。越是正式的組織，作業的範圍也越明確。就以農民基層組織的範圍為例，重要的作業範圍則可分為生產性的及生活性的兩大領域或方面，生產性的作業範圍涵蓋各種農業生產及運銷等各種共同操作項目，共同產銷方面的操作項目包括水稻產銷、蔬菜產銷、花卉產銷、水果產銷、茶葉產銷、雜糧產銷、牛乳產銷等。生活方面的共同作業項目則涵蓋歌唱、舞蹈、旅遊、演藝、吹奏、服務、救濟、保衛、進香、練武、健身、品茶、插花、烹飪、刺繡、裁縫，及技能訓練等。

　　工廠組織的作業範圍也分為提煉原料、製造成品、加工等不同的作業型態。銷售或買賣組織的作業範圍，則可分為大盤、中盤，及零售等作業範圍類別，也可按其銷貨對象的所在地範圍，分成內銷及外銷的不同範圍。

▌四、職責範圍

　　組織團體都有職責，職責範圍也有大有小，有廣狹深淺之分。就以銷貨組織的職責範圍而分，有貨一出門概不退換的不負任何責任者，也有設定保證期限者。公司組織分成有限責任及無限責任的不同類型。非營利組織則在組織法中明定職責。

<h1 style="text-align:center">第四節　社會組織的功能</h1>

　　組織的功能亦即是其用處。就大處著眼，組織的功能涵蓋三大方面，其一是對個人的功用，第二是對團體或結社的功用，第三是對社會整體的功用。就此三大方面的功能或功用再細加說明如下。

■一、對個人的功用

　　個人加入組織有多種好處或功用。就以志願性的組織言，個人多半是看準加入後可獲得諸多好處才加入者。重要的好處或功用約有如下列舉諸項。

㈠突破限制

　　個人單獨做事常有能力與機會上的限制。加入組織，由組織中多數的分子群策群力共同運作，常能突破限制，克服單槍匹馬，孤軍奮鬥時可能遭遇的限制與困難。

㈡發揮潛力

　　個人的潛力要有適當的機會與情境才能發揮與展現，團體與組織提供個人展現與發揮多種潛力與才能的情境與機會。缺乏團體與組織的情境與條件，個人的潛力可能缺乏展現的必要與機會，因為缺乏別人的鼓勵、激賞、要求或壓迫。在各種個人的潛力中，領導力最需要有組織的條件與情境，才能有效的展現與發揮出來。

㈢發展興趣

　　個人的許多興趣也可由組織而發展出來。組織中他人的刺激、引誘、勸導、鼓勵都是激發個人興趣的重要元素。人的興趣固然可由內生，但也可由外力促成。組織湊和個人內生的興趣動機及外界促成的力量，使個人能發展出多種興趣，特別是與人互動、同歡及共樂的興趣。有些在團體中活動的興趣，必須要有此種活動的組織為之推動，才能將個人的興趣發展出來，球隊的組織是發展個人打球興趣的一項

很重要因素。

㈣獲得成就

個人經由參加組織可獲得許多好處，因而也可獲得成就，包括健康的增進、財產的增加、知名度及聲望的提升，及專業知識與技能的獲得等。這些成就也可使其心理上的滿足感增加。

㈤建立信心

個人能在社會組織中獲得成就，必可使其信心增加。重要的信心包括能在眾人面前勇敢發言、有能力處理多數人的事務、扮演成功的社會角色等。這些信心不僅可使個人感到身心愉快，也可使其在團體與組織中活得有地位有尊嚴。

㈥得到學習

在組織中不乏許多比自己能力強的他人，個人可從這些他人學習到許多知識及技能，彌補自己的缺陷，增進自己的長才。有些專門供人學習而設立的組織，可使參與的個人學習到豐富的專業知識與功能，供為改進工作及生活的資源。

㈦解決問題

個人的能力有限，單獨處理事務很容易遭遇困難與問題，但不少個人與問題則可由組織中分子的分工合作而獲得減輕或解決。有些專業性的組織專門為個人解決特殊的問題，個人可由求助於這些組織而有效解決自己的特殊問題。如求助於醫院，可治好疾病的問題；求助於交通公司，而解決自己行動不便的問題。

㈧增進效益

個人對各種社會組織如能運用得當，則可幫助個人增進各方面的效益。善加利用經濟性的組織如證券行或銀行，可幫助個人達到金錢上的實際收益；利用學校及補習班可幫個人增進求知的效益；利用餐館食堂等組織，則可增進個人在飲食方面的滿足與效益。各種組織依其功能的不同，可增進個人的效益也會有不同的屬性及分量。

█ 二、對團體或結社的功用

社會組織對團體或結社也有可觀的正面功用，重要的功用約可分成四方面來說明。

㈠發揮功能，達成目標

許多社會組織形成的基本目的都是為能發揮功能達成目標。營利性的組織，重要的功能與目標都在營利，故常可完成營利的功能達成營利的目標。服務性的組織則是在能克盡服務的功能，達成服務的目標，究其終極，也都可完成此種功能並達成此種目標。

㈡壯大力量，辦理眾人的事

組織的目標常為辦理眾人的事，例如政治組織是在辦理眾人與政府或他人之間的相關事務。經濟組織則在辦理眾人與金錢或財物有關的事務，醫療組織則在辦理眾人與疾病健康有關的事務。組織為能辦理眾人之事，工作人員都不只一人，都由許多人分工合作來辦理，因此都能由壯大力量來辦理並完成。

㈢聚集權力，壓制反抗

許多政治性的組織，具有聚集權力壓制反抗的功用，使其組織得以不因反抗力量而崩潰。類似此種政治組織的功用，也可在黑社會組織中見之。黑社會的組織不僅聚集了權力，且還聚集了暴力，壓制並擊潰個別的反抗力量。

㈣協調紛爭，達成整合

社會上也有些組織的分子之間容易有紛爭，此種紛爭則可經由組織的領袖參照組織的規定並發揮其領導力，從中協調勸解而得以平息，維持組織的整合，對於組織本身也具有正面的功用與好處。

█ 三、對社會整體的功用

社會中的組織，不僅對組織內的個人及組織本身有功用，對於社

會整體也有重要的功用與貢獻。這種功用或貢獻約可分成四點說明。

(一)促成分工，加速進步

　　社會因分工而可進步，分工固然可存在於個人之間，但有組織的介入，更可使分工更加有效，也可加速社會的進步。組織一來可匯集同類的分工，二來又可創造分工，使分工更加有效率。每一種組織與其他組織相比，都具有特性，是其與其他組織間具有分工性質的基礎。又組織設定的特殊目標也使其走向與其他組織間分工之路。組織內部又講究分工，故組織對於促進分工必有貢獻。分工是社會進步的動力，社會組織的分工能力也是促進社會進步的重要力量與因素。

(二)建立規範，避免崩潰

　　每個組織都設定規範，供組織分子遵循，組織分子從組織的規範中學習與熟悉遵守規範，表現社會行為，過社會生活。使整個社會能因分子熟悉與習慣社會行為與生活而維持秩序與規矩，免於紛亂與崩潰。

(三)媒介個人，溝通社會

　　組織介於個人與大社會之間，幫助大社會培養個人熟悉社會，也可幫社會媒介個人與社會溝通。組織中的分子有違反社會的態度與行為時，可在組織內部加以制裁或誘導，使其減少或消除違反社會、破壞社會的行為。家庭教養子女，學校教育學生，都是由組織採用正面誘導社會分子符合社會規範的功用。治安機關與監獄則是採用負面的制裁，迫使社會分子不違背社會規範的組織，對維護社會的存在與健全也都有正面的助益。

(四)提供貢獻，促進繁榮

　　社會上的組織都有其目標，許多優良的組織達成了目標對社會都有貢獻，可促進社會的進步與繁榮。企業組織達成目標可促進社會的經濟發展、教育組織可提升社會的知識及技術水準、醫療組織可促進社會健康、娛樂組織可促使社會歡樂愉快、治安組織可維護社會的平

靜與安全。社會因有各式各樣組織的貢獻，因而可以繁榮與進步。

第五節　形成社會組織的元素

社會組織由許多元素所組成，重要的元素包括人口、心理、目標、技術、自然環境、社會環境及文化。就這些構成社會組織元素的性質及其對組織的重要性，扼要略述如下。

一、人口元素

組織是由人及事務所構成，人是構成組織的最基本元素，而組織中的人都為多數，由多數的人而構成人口的條件，因而也包含人口的性質。組織中人口元素的重要性質包括人數、組合及變動等，其中人數是指總量，組合則包含年齡、性別、教育、職業別等，變動則包括進出，進入的變動則經由參與，退出則可能因為失去興趣或能力，也可能因為衰老病死而退出者。

二、心理元素

組織中的個人分子，不僅指其人體或人性，也包括其心理。心理性質影響人在組織中的活動、角色與功能。組織分子的心理元素可再細分成動機、認知、態度、期望、想法等，這些心理元素都會影響組織分子個人以及組織整體的行為，終究也會影響組織的活動及後果。

三、目標元素

組織都有或多或少的目標，有些組織的目標相當明確，但有些組織的目標則較模糊與不清，不論其性質如何，目標都會引導與決定組織的表現與走向，故是決定組織性質與活動的重要因素。

四、技術元素

為了達成目標或維持組織的生存，組織也都需要運用技術。所謂技術是指含有某種高深程度與複雜性質的行事方法。技術的分類可依

其本質分，也可依同種本質的難易程度分，前者如分成物理技術、化學技術、數學統計技術、社會技術等，後者則可分為高深技術或精密技術、與簡易技術等。

■五、自然元素

各種社會組織都離不開自然條件或元素，這些條件或元素會影響甚至會決定組織的性質與功能。重要的自然條件或元素，包括風、雨、水、土、氣溫、空氣、花草、樹木、山嶽、河流及鳥獸等。這些自然條件與元素圍繞在組織的四周，甚至深入組織中影響或決定組織的性質與功能等。

■六、社會元素

廣義的組織元素不僅限於自然條件與元素，也包括社會條件與元素。所謂社會條件與元素是指構成組織的社會實體與社會氣候等。具體言之，含有個人及團體的社會性格、社會秩序、社會規範、社會價值等，都是構成組織的重要社會元素。

■七、文化元素

組織的文化元素是指會關係與影響組織的文化項目與條件，包括物質文化元素與非物質或精神文化元素兩大部分。物質文化元素包含食、衣、住、行、育、樂的用品或物資；非物質文化元素則包括價值觀念、風俗信仰、道德、文學、藝術等內涵與風氣等。

第六節　社會組織的成本與缺陷

社會中形成組織雖有不少功用與好處，但也有不少成本與缺陷。這些成本與缺陷可分三個層次說明。

■一、個人的成本與缺陷

個人加入組織雖可得到好處，但也要付出成本與代價，亦即會有

缺陷與遺憾。重要的成本或缺陷包括下列六項。

(一)受到管制與約束

個人加入組織以後,固然可以享有組織的營收與利益,但也要遵守組織的規範,受到組織的管制與約束。有些規則嚴密的組織,個人加入之後,便很難脫身,長期受其約束,要恢復自由相當困難。個人加入黑社會的組織之後便很難脫身。

(二)挫折與疏離

個人加入組織以後,很可能會因為表現未能令其他成員滿意,而受到恥笑、批判或懲罰,以致會產生挫折與疏離。個人的挫折與疏離,也有可能因為未能從組織中得到如預期的好處而發生,一旦感到挫折與疏離,對組織就不會有好感,覺得存在於組織中是一種負擔,遲早會想要脫離。

(三)支付費用與投資

個人加入組織常要付費,包括會費與捐獻的費用。有時為要在組織中謀得較重要的職位,必須作實質的投資。投資不一定能回收,在沒回收之前也是一種支出與負擔。

(四)負責與風險

個人加入組織,在組織中就占有一席之地,也要扮演一定的角色並克盡相對等的職務。對於角色與職務都要負責達成,否則就不能符合組織的期望。有些組織角色與職務的風險很大,包括關係組織財務上損失的風險及組織安全上的風險等。

(五)經驗不足與個性不合

不少個人在組織中所負擔的職責,與其過去的經驗常有不配之嫌,也有其職責與工作的性質與其個性與興趣不合,若勉強為之,會覺得痛苦,也無良好的成績表現,對個人也是一種成本與缺陷。

(六)遭受責備與恫嚇

　　個人在組織中最高的成本與缺陷，無非是遭受主管或外人的責備與恫嚇。原因可能因為不能勝任工作，或因擋人財路與機會，也可能讓別人看了不順眼。遭受他人責備與恫嚇時，內心一定很不好受，是一種嚴重的心理成本與缺陷。

■二、組織的成本與缺陷

(一)維持費用高昂

　　社會組織普遍都需要維持費用，這種費用也常很高昂。企業組織除要有維持設備與原料費用外，工資費用更是可觀。公務組織也要有高昂的設備費與業務費。學校組織的設備費、教員薪津及業務維持費用都不低。為了高昂的維持費用，許多組織都要多方面尋找資金，若維持不了就得解散組織。

(二)滿足成員的需求不易

　　組織的基本目標常是為了滿足成員的慾望與需求，然而成員的慾望與需求繁多龐雜，組織很難一一給予滿足。成員一旦不能滿足需求，可能紛紛退出組織，或對組織脅迫與不滿，使組織難以維持並生存。

(三)樹立敵對組織

　　一個組織形成後，可能引發對立組織形成，也可能在舊有的組織中有起而與之敵對者。組織樹立敵對組織的原因，有可能因為侵犯別人的地盤或利益，也可能因組織作風令人不滿而引起反對者。一旦有明顯的敵對組織形成，必給組織帶來麻煩與成本。

(四)不受社會支持

　　有些組織因不符社會規範，而不受社會支持。此種組織也要付出成本來對抗社會或安撫社會。有些不受社會支持的組織，也有可能不是目標與手段違反社會規範，而是未能獲得社會的認同或肯定，以致

未能獲得社會的支持。這樣的組織為了生存也必須付出成本來取得社會的支持，例如要付出廣告費用或宣傳費用，令社會認識與肯定，以利其生存與發展。

▌三、全社會的成本與缺陷

社會因有組織而可獲得好處，但有不當或過多的組織也為社會帶來成本與缺陷。就兩種不同的成本與缺陷分別說明如下。

㈠不良組織破壞社會安定與安全

社會中有良好的組織，也有不良的組織。不良組織的式樣與內容很多，諸如違害善良風俗習慣、侵犯大眾利益，並破壞社會的安定與安全。各種犯罪集團與組織都具有此種特性與壞處，故給社會帶來成本與缺陷。

㈡多餘的組織造成社會負擔

社會上有些組織不一定直接違反社會規範，但可能是多餘者，對於社會並無功能與貢獻。過多的同類組織，雖可互相刺激與競爭，共同追求進步的益處，但也可能導致惡性競爭，延禍社會。

許多合法但無益的組織，也常會耗用政府及社會資源，損傷政府與社會的元氣，可說給社會增加成本，造成負擔。

第七節　組織者來源的學說

社會上究竟誰才能從事組織，理論上有兩種不同的說法，將之說明如下。

▌一、多數人都能組織的學說

持此種學說者有幾個重要的理由。第一是，組織為日常的一般事務，無須具有特殊的才能就可從事組織。第二，多數人都有組織能力，此種能力不是少數人特別具有者。第三，有些組織行動的進行是在迫切的需求情勢下必須展開，此種情勢多數的一般人都會遭遇到，

故也必須立即行動。第四，專業的組織工作者有其缺點與毛病。譬如太過挑剔，或太過講究，反而不宜從事組織的行動與工作。

■二、專業者才能組織的學說

另有一種對於誰才能組織的不同說法，是唯有專業者才能組織，持此種學說者，也有若干重要的理由。

㈠組織為專業性工作

此種專業工作不是每人或多數人都能從事者，必須具有組織的專業知識與技能者，才能有所做為，做了也才不會有差錯。

㈡專業者才有過人的組織特質與才能

雖然一般人可能也會組織，但其才華與能力都很欠缺。唯有對組織具有特質與才能的人，才會具有較佳的組織能力，也才能將組織做好。

㈢專業與效率的相關性

組織的專業者因具有專門的知識與能力，由其從事組織事務可較有效能，也較能節省成本。故社會組織事務應由具有專業者為之，才較適當。

第八節　科學性的研究觀點與方法

社會組織研究是一種科學研究，科學研究也應有科學的觀點與方法。重要的科學性觀點與方法的性質具有下列諸項。

■一、先決條件

社會組織的科學研究與其他學科的科學性研究一般，同樣要具備若干科學的先決條件。包括第一，研究的結果要能公開化與公眾化，亦即社會大眾都能瞭解與使用。第二，定義要能精確，不可模糊不清。第三，資料要能客觀，客觀才是科學的真面目。第四，發現要可

重複性，使別人也能驗證為真實。第五，方法要具有系統性並累積性，以利構成統合性的知識。第六，研究的目的可用來解釋、瞭解與預測事實。具有上述六點先決條件的研究，才算是科學研究。

■二、理論觀點

社會組織研究所用的觀點可參考社會學的觀點。而重要的社會學觀點可細分為：㈠結構觀，㈡功能觀，㈢人群關係觀，㈣衝突觀，㈤管理觀等。這些不同的觀點也是各種不同的學派，對社會現象研究的重要著眼點也各有不同，故可供組織社會學研究者參考及依循。

■三、講究原則

科學性的研究也應講究原則，重要的科學原則有的在前面的先決條件中已有提及。綜合起來重要的原則有下列這些：㈠客觀性，㈡存疑性，㈢中立性，㈣相對性，㈤人文性。這些重要原則都在使研究不失偏見、盲目、主觀，以致失去科學性。

■四、講究方法

科學性的研究必然也要講究科學的方法。社會科學的重要研究方法有不少，包括：㈠實證法，㈡比較法，㈢調查法，㈣個案法，㈤統計法等。

■五、科學性研究的限制

至今科學性的研究雖然已奠定了深厚的基礎，但仍有不少限制。從資料收集到資料分析，限制仍有不少。包括資料上本身的限制，不易作成科學的澄清與分辨，亦包括研究者的盲點與疏忽，以致無法使研究十分客觀與科學。近來社會科學在科學研究上受到的最大限制之一是，在資料收集過程中，調查訪問人員不能很盡心盡力，致使資料品質出現問題，這是一種很普遍發生的問題與限制。

第二章
組織中個人的互動

第一節　研究的重要性

　　研究社會組織有必要從研究組織中個人的互動做起。個人之間互動的研究對研究社會組織的重要性可分成下列幾點說明。

▌一、互動為社會關係與組織的基礎

　　社會組織由社會關係而形成，而社會互動是建立社會關係的基礎。有什麼樣的社會互動即形成什麼樣的社會關係，社會互動形成社會關係，社會關係也反應或呈現社會互動，習慣性與固定性的互動模式或關係即形成組織。此說明了要研究社會組織需要從研究組織中個人互動開始的理由之一。

▌二、可藉以瞭解個人在組織中的角色與地位

　　組織中個人之間的互動方式會因個人在組織中的角色與地位不同而有不同的表現。如在上位者可向下位者命令或指示，在下位者向上位者則要表現聽命、服從或尊敬。好朋友之間的互動關係通常也會表現超乎尋常的親密，故由其親密的互動關係也可瞭解或看出其互為朋友的角色。總之，在組織中個人與他人互動都受其角色與地位所影響或所規範，故由其與人互動的型態與性質，便可瞭解其在組織中的角色與地位。

▌三、可藉以瞭解團體或組織的模式與架構

　　團體內或組織中的個人互動構成並浮現了組織的模式與架構。組織的模式與架構建立在互動網絡的基礎上。團體內或組織中的互動網絡複雜交錯，形成其關係與組織網，也形成組織的架構與模式。

▌四、可藉以瞭解組織對個人的規定與限制

　　團體或組織中個人的互動受組織的規則所指示與限制。個人按照規定與人互動便可合乎規則，能受組織所准許與認可。但若有違反規

則，可能會受到組織或他人的反對。故由組織中個人的互動方式及關係也可清楚瞭解組織對個人的規定或限制，在規定許可範圍內，互動方式便可能發生，規定許可的範圍外，互動通常也不會發生，因為一旦發生便會有糾紛與問題。由此可見經由瞭解互動，乃能進一步瞭解組織對個人的規定與限制。

第二節　互動的功用

個人在組織中與人互動，可發揮數個重要的功用，或收到數個重要的目的。

■一、舒展個人的情緒與願望

個人在團體與組織中與人談話、同樂、助人或受助，可得到閉門深鎖時所無法得到的舒暢與快樂，因而可舒展心中的情緒與願望。這種互動常可使情緒上的壓力減輕。自己努力所無法達成的願望，也可能經由與人互動而得到解決的竅門與機會。

■二、確定組織關係的模式與結構

互動關係一再發生與重複的結果，乃可確定組織關係的模式與結構。當關係的模式與結構一旦確定，互動行為就較能容易預期，個人因而也較容易與人作適當的互動。團體與組織的結構較固定之後，個人與團體較能作較長期性的發展計畫，並發揮較佳的成就。

■三、促進組織整合

組織中個人的互動有助於彼此相互瞭解，並相互支援，也較容易使組織產生共識整合成一體。組織中的個人若無互動，彼此間僅能成為獨立的個體，缺乏團隊的感覺與意識，很難促成整合。

■四、完成組織目標

組織目標要能達成，必須由組織分子分工合作、共同努力，分工

合作的過程中必須經由密切的互動，否則無法共同為目標而努力，目標也難以達成。

第三節　互動的形式

組織的互動大致上可分為兩種不同的層次，一種是組織內個人之間，或小團體之間，乃至個人與小團體之間的互動；另一種層次的互動是組織與組織之間的互動。不論是屬於那一種層次的互動，互動的外在形式可按其依據的指標不同，而各自形成多種不同的互動方式。以下就按不同的指標別而加以分類。

■一、臨時性與重複性的互動

此種互動形式的區分，是依照互動出現的新舊不同情況而分者。臨時性的互動是突發的、不經常的，也是新的互動。重複性的互動是指多次出現的互動，也是舊形的互動。經久性或有歷史性的組織，重複性的互動相對較多，但偶爾也會有臨時性的互動。

■二、一般性與特殊性目的的互動

組織的互動常是有目的性的，但目的則有一般與特殊的不同性質。一般性目的是指常設的，也是例行的。特殊性目的則是指不尋常的，也是非例行的。目的的性質不同，組織的行動方法可能不同，成員之間或個人與組織之間的互動方式也可能不同。為造成一般性目的，組織成員的互動可能按照習慣性的模式互動。為造成特殊性目的，互動模式可能需要調整，以非尋常的互動，達成特殊的目的。

■三、非正式性與正式性互動

互動方式分為非正式與正式的不同方式是極尋常的事。前者是指較隨興、較輕鬆，也較不規則的互動。一般在較非正式的場合，組織分子之間的互動都屬此類，如見面寒暄、招呼、開玩笑，大夥兒隨興歡樂都屬此類。但在較正式的場合，如開會、典禮等，組織分子的互

動方式都較一板一眼、中規中矩，亦即是較正式性。

▌四、制度化的互動

此種互動方式是指極高度正式化的，也是高度的習慣性。互動者對於互動的方式都有前例可循，對前例的互動方式也都很習慣。此種互動方式多半也都明顯定下規則供為依循。組織成員在開會時，發言的互動方式都要遵守議事規則，議事規則都是制度化的。

第四節　互動關係的類型

前節所論互動的形式是指較外表的互動型態。本節所稱的互動關係類型是指依照互動者的實質關係性質而分的。依此說法，重要的互動關係類型約有下列數項。

▌一、合作型

合作互動是指雙方都很善意的出招與接招，常為達成某種共同的目標而表現的互動。此種合作互動常見於親人之間、好友之間，與合作團體分子之間。各互動分子都能同心協力，為達成目標而善意合作。

▌二、競爭型

此種互動都因互動者為爭取有限的目標而發生。有限的目標包括金錢、地位、榮譽，以及其他喜歡接近的共同對象。競爭的互動者之間，彼此還能遵守規則，保持君子風度；競爭的結果都有勝負之分，失敗者難免失望，但也都還能接受事實。

▌三、敵對型

敵對型的互動，是互動者彼此將對方視為敵人，欲將之擊敗為目的。此種互動型態都具有很強烈的衝突性，而衝突的互動過程與結果都具有傷害性，包括身體的傷害、精神的傷害或名譽的傷害等。

█ 四、強制性

此種互動者雙方的實力懸殊，強的一方強迫弱的一方聽命就範，是很不公平的互動。被迫者的一方雖不得不接受不良的後果，但常心存不甘，企圖報復。等到其力量增強，常會有反制的互動行為發生。

█ 五、交換型

此種互動者的雙方都很講究條件，也較計較交換的斤兩得失。基本上，彼此都能講究保持善意的正面互動。但因交換互動非常講究利害得失，互動者雙方的關係常臨界危險的邊緣。故極需要有正式的規則性機制加以控管，使交換互動者雙方都能有所節制，以免有傷和氣，發生衝突。

█ 六、親密型

此種互動常發生在初級團體者的成員之間。互動內容包括極高的私密性，也涵蓋廣泛層面以及深遠的層次。許多互動關係僅有雙方能夠明白與體會，外人鮮能明白。

█ 七、冷漠型

此種互動關係包括少有互動，以及互動起來很冷漠無情，如用語言與行動相互刺激，使對方感到極不愉快。冷漠的互動有異於全無互動的型態，無互動者可能是兩者互不認識，故也不相互動。但冷漠的互動者之間通常都是彼此認識，因為並不喜歡多接觸，致使互動關係冷漠。經過冷漠的互動之後，彼此的關係可能終止或消失。

第五節　交換互動的分析

交換是一種很特別的互動方式，過去社會學家對之曾有深入的研究，上節在論述互動關係的類型時，也提及交換互動的類型。本節再對此種重要互動的性質作較詳細的說明。

一、基本理念

　　社會交換可看為是一種特殊的互動。組織中交換互動的理念可分成兩個細類，一為組織中個體間心理行為的交換過程，另一為大社會組織架構中的交換理念。前者以何曼斯（George C. Homans）為代表，後者以彼得布勞（Peter Blau）為代表。Homans 認為社會交換是人經衡量過去及潛在的報酬與成本後與他人互動的方式，此種交換互動具有考慮成本效益。Peter Blau則強調交換互動可形成結構。Blau也將交換互動提升到兩種型態的團體之間。社會中的交換互動結構，以規範與價值為維持的機制。

二、交換原理的學習過程

　　人類如何與人交換係經學習經驗過程而得知。由與人在交換的過程中學得報酬與懲罰，接著於下一步再與人交換互動時，則可從以前學得的報酬與懲罰而加以反應。人在交換互動過程中，也應用到增強（reinforcement）的概念，亦即在交換過程中人與人的相互影響會變得更加增強。

三、交換的計算

　　交換互動過程中很在乎成本與報酬的概念。成本可被看為付出的代價，報酬則是指可獲得的償還或回報的價值。交換要付出成本是不可避免的，報酬則也是可預期，但有時很清楚明白，有時卻很模糊不清。衡量報酬的方法包括給人權利、金錢或名望，甚至是很怪異的事務。

四、交換過程中的正義原則

　　Homans 認為對交換也強調要合乎正義原則。在報酬的分配過程中，是否合乎正義則受三因素所決定：㈠貢獻，㈡地位投資，㈢成本。Homans 對公平正義的分析著重在個人心理層面的感受，卻未將外在的正義標準考慮在內。

▌五、交換的控制與阻止

人類的交換互動行為常會犯有侵略性，亦即要求過多的報償，於是需要對之加以控制與阻止。但控制與阻止必須適可而止，否則會挑起暴力行為。懲罰是一種有效的控制與阻止，懲罰辦法則關係幾個重要變數：㈠懲罰的強度與時間，㈡引發者與犧牲者的角色，㈢當事人的敏感度。這些變數關係懲罰的效果與回應。

第六節　互動的發展過程與階段

兩個人或兩個團體之間的互動發展過程或階段通常有下列五點。

▌一、相互注意

互動者雙方的互動行為開始於相互注意，注意彼此的存在，及其對本身的意義。如果覺得感到對方對自己有意義，自己也有興趣要對其多加認識，便會有進一步的互動。

▌二、企圖溝通

當互動者的一方發現有意義的對方存在時，便可能進一步企圖要與其溝通。溝通的方式有多種，可用語言、肢體動作、或書信等，近來年輕的一代使用網路溝通者也甚為常見。

▌三、相互體會或表態

溝通的互動進行之後，乃會有進一步的感受與體會，包括喜歡、厭惡或平淡。於是會根據體會與感受而作進一步的表態，如更加深互動或停止與結束互動。

▌四、預想各種可能的行為模式

對於互動者可能的感受與反應的情況不明時，乃會對其可能的反應行為作各種預想。預想其可能會有善意或不友善的行為，也預想其

下一步可能表現的行為或動作。作此預想的目的是好作適當的應對。
互動者應對他人的行為，也都根據其對他人行為的預想或實際表現。

▌五、調整反應

　　互動發展過程的最後步驟是調整反應。亦即根據前面互動過程的
經驗，加以判斷或評估對與錯或好與壞之後，再加斟酌改變與調整，
使互動方式與內容能更適當或更貼切，避免或減少差錯與失當，使往
後的互動能更平順。

第七節　組織對互動的影響

　　組織內的個人與個人的互動會受組織的條件與性質所影響，組織
與其他組織之間的互動也同樣會受組織的條件與性質所影響。在此討
論組織對互動的影響時，僅限於對組織中個人之間互動的影響，對於
組織與其他組織互動的影響暫不論述。就對個人互動的重要影響論述
如下。

▌一、對個人互動認知的影響

　　組織中的個人都受組織保護與管制，個人與他人互動時，也都在
心中能有或會有組織的存在，也能理解與認識組織對個人的要求與期
望。個人也因加入組織而能認知在組織中的角色與地位，而作適當的
互動。如果組織中的個人未能有組織存在的認知，表現的互動行為又
毫無組織的概念，將會受到組織的制裁或被排除在組織之外。

▌二、對個人互動情感的影響

　　個人與他人互動會影響個人的情感，個人的情感主要孕育自對方
如何對待自己，但也受整個組織如何對待自己及組織給個人的感受而
定。當個人能從組織的整體或組織中的個人體會到溫暖及善待的情感
時，在與人互動時必也較能善待他人。反之，若常從別人或組織得到
虐待，待人時必也較難持有溫暖寬厚的情感。

■三、對個人互動信仰的影響

　　人與別人互動時常有信仰作為中心思想與原則，而此種信仰則常得自組織的規範與組織的氣氛。個人與人互動時的重要信仰包括如何待人以及如何對待組織的概念與想法。堅信應以善待人及對待組織者，其與他人互動必也會以善待他人為出發。信仰的範圍除了待人的概念外，還包括對處事的看法。這種看法也可由組織內部的價值觀、團結力與經營績效等因素所影響或決定。

■四、對個人互動身分地位的影響

　　個人在組織中都有一定的身分與地位，個人也都按此身分地位與人互動，亦即互動模式會受身分與地位的影響。然而個人在組織中的身分與地位固然會受個人的條件與能力所影響，但也受組織的條件與性質所影響。一個有能力的人在組織中本來應獲有好身分與好地位，但如果組織中個人也都有能力，且能力都更超越自己，則此位有能力的個人可能只享有中等身分與地位。又組織中不少人的身分與地位及其應得的報酬也常受組織的領導者或主管所決定。也因此不少組織中的人為能獲得較高的身分與地位，都得巴結或討好主管或領導者，但也有些組織在決定分子的身分與地位時都能依照制度而決定。

■五、對個人互動行為表現的影響

　　組織會影響個人的互動行為是無庸置疑的。組織的目標幾乎可以決定個人在工作過程中，應如何與人分工合作。組織的人事評估制度與主管的喜惡，也會影響組織分子如何做人與做事。組織中同事的品質與作風，也常是影響他人如何待人的重要因素。

第八節　組織中領導者與被領導者之間的互動

　　組織中分子的身分地位有多種，但可歸納成兩大類，一類為領導者，另一類為被領導者或隨從者（也稱隨員）。兩者之間的互動極為

必要，也常很頻繁。一般互動時，領導者都較主動，被領導者則較被動。就領導互動行為分為目標功能及技巧功能兩方面的重要內容分述如下。

■ 一、領導互動的目標與功能

領導互動都有目標性與功能性。領導者採用領導方式與其部屬互動，為的是能達成下列的領導目標與功能。

㈠幫助隨員

領導互動的一項重要意義是幫助隨員或被領導者。良好與正確的領導互動對隨員可幫助的方面很多，包括幫助其充分瞭解做事做人的目標與方法。幫其解決困難與問題，也幫其個人達到所要的目標與心願。

㈡帶領方向

隨員的行為都以領導者馬首是瞻。領導者的主要目標與功能是帶領組織分子的行動方向。其帶領的功能表現在領導者對組織所設定的目標，以及為達成目標的各種方法上。

㈢鼓舞成員

成員的士氣很能因為領導者的鼓舞而激發。領導者鼓舞成員的方法與過程可經由其設定的實質獎勵、口頭誇獎及打氣鼓勵等。有領導者的鼓勵，可使隨從者感到受到肯定與重視，因而願意更加用心對組織出力。

㈣以身作則

領導者的實際行動對隨員具有很高的示範作用。領導者若能以身作則，可使隨員產生效法與學習的作用，將領導者的作風作為榜樣，無形中隨員也會受到領導者的感化與影響。

㈤發現才能

領導者的另一重要功用是發現隨員的才能，使有才能的隨員能充

分發揮，對組織產生貢獻。隨員的才能若無領導者為之發現，可能被埋沒，或被他人利用，無非是組織的損失。

㈥解決問題

許多組織分子對其本身的問題難有能力可以解決，有必要由領導者為之協助解決。這些問題包括組織分子在組織中的工作與生活上的困難，以及其個人的疑難雜症。組織分子的問題若能因領導者的協助而獲得解決，受到的鼓舞與作用必大，也間接有助於對組織功能的增進。

■二、領導者的互動技巧

領導者與被領導者的互動，對被領導者必具有多種功能。領導者為使其功能充分發揮，則也要講究領導互動的技巧與方法。重要的互動技巧與方法有下列幾項：

㈠取得信賴

領導者的功能要能發揮，必須要先能取得隨從者的信賴。隨員對領導者的言行能信以為真，才會願意接受並實行，領導功能也才能發揮。

㈡不恥下問

領導者要能瞭解隨員的真實心意與問題，與之真誠互動，要能不恥下問。隨員能受到關切與詢問，就比較願意將內心深處的感受反應出來，與領導者也才能產生較真實的互動，並發揮其效用。

㈢溝通協調

有時組織成員與領導者之間會有不同的感受、看法與意見。此種相左的感受、看法與意見有必要由領導者主動出示溝通的誠意為之發覺並取得共識。經由溝通可以化解彼此的誤會、不滿與芥蒂，終也可使組織的運作較為順利。

㈣能言善道

領導者能言善道的技巧也常是其能說服隨員，取得隨員支持與服從的重要技巧。但在發揮此種技能時，切忌花言巧語、欺瞞詐騙，否則終會被識破，而得不償失。

㈤知人善用

領導的功能包括用人任事，對人要能深知並善用是領導者的重要功能也是其任務。為能知人善用，領導者首先要能去除私心與偏見，將其隨員放在平等的天平上加以評估與衡量，瞭解各人的長處與才能後，也要確實將其安置在適當的職位上。

㈥建立班底

領導者與隨從者的互動技巧，有一項很有效果的是建立班底，將理念接近，且能攜手合作者建立成領導團隊，成為組織成員的核心。唯在建立班底時，切忌因私心過重而導致非班底成員的離心與出走。

㈦樹立風格

領導者樹立領導風格，也是促進其對隨員有效領導的必要技巧。以良好的領導風格與隨員互動，可收隨員心甘情願接受領導的效果。良好的領導風格內容很多，包括本節所論各點都是，此外領導者要能公正不偏及果敢並有魄力，也都是良好的風格。

㈧認真負責，樹立榜樣

領導者與人互動若能認真負責、樹立榜樣，一定可使隨員不敢怠墮散漫，工作也必有效率。認真負責的領導互動包括勤於管理業務、認真切實檢討成員工作的得失，並給其正確的指示。

㈨不斷充實，力求上進

沒有一位領導者是完美無缺的。領導者要做好與人互動，不得不繼續努力充實自己，力求上進。一來給其隨員也能更認真上進的榜樣；二來可使自己的心智更加成熟，做一位更成功的領導者。

第九節　組織中常見的不協調互動

　　組織內的互動過程中，常見有不協調的現象，這些互動需要加以改進。重要的不協調互動有下列諸項，將之說明之。

▌一、批評與毀謗

　　在互動過程中常見有批評與毀謗的互動。批評的互動或許不完全是壞事，但也反應互動不協調的一面。毀謗的互動則很顯然脫離了正常的步調，是一種會造成傷害的互動方式。

▌二、吵鬧與鬥爭

　　組織中的不協調也會見於成員之間的吵鬧與鬥爭，此種互動也明顯反應出不協調性。互動者彼此都超出忍耐的範圍，於是產生吵鬧與鬥爭。吵鬧使組織的秩序紛亂、人際關係緊張，鬥爭更使雙方傷身與傷神，個人與團體都會折傷元氣與能力。

▌三、冷戰

　　冷戰式的互動者雙方的氣壓極低，關係不良，彼此難有良好的合作行為，不僅個人本身心情不佳，也影響團體組織的士氣與效率。冷戰的互動常表現互不接頭對話，彼此冷漠相待。團體中成員若存有冷戰的互動關係，很難團結合作，個人與組織都受傷害。

▌四、中傷與謀害

　　組織中的分子也可能出現相互中傷與謀害的互動方式，此種互動常在暗中進行，互動中雙方都可能在暗中中箭受傷而不自知，但傷害必定會造成，包括名譽、前途與績效受到傷害而難有展現，或受挫折。

▌五、置死與摧毀

　　此種互動的終極目標是要置互動者對方於死地或將之徹底摧毀，

故在互動的手法上都很毒辣與惡劣，是一種極不協調的互動方式。互動的結果常導致非常慘烈的結果，值得出手互動者深思與中途撤手。若不幸造成傷害，常會形成難以挽救的慘劇。

第十節　組織中互動的工具

有效的互動不僅要講究方法與技巧，也要有適當的工具為後盾。將數種重要的互動工具，列舉並說明其功用如下。

▌一、肢體動作

許多互動都以肢體動作表示，這種動作包括注目示意、作手勢，或其他動作。不同的動作表示不同的意思與含義。有交集的互動是當行動者示意時，接受者能知意並作有意義的回應。但有時肢體的動作也會被會錯意，以致產生誤解或曲解，顯然使用肢體動作也有其缺點與限制。

肢體動作的互動先決條件，是兩者在空間距離上較接近時才能行之或發生，空間距離太遠時，肢體動作的互動便失去意義。此外，肢體動作的互動要有相同的文化背景作為基礎，才能相互體會正確的意義，並表示適當的互動動作。

▌二、語言與文字的互動

此種互動工具是人類社會互動的最高層次，也是最進步的工具。此種互動工具可以潛藏或夾帶複雜的思想與含義。不僅在同時代同地區的人可將語言與文字作為互動的工具，遠距離及不同時代的人，也可將之作為互動工具。

語言與文字兩種工具之間有相當高度的相連性，文字可化成語言，語言也可化成文字。但兩者在使用上，前者的限制可能較大，是由於語言的溝通在轉達與保存上可能比文字較為困難。

世界上，人類的語言與文字有多種，故藉用語言與文字互動時，常有必要經過翻譯與轉化，才能有效溝通並互動。在翻譯過程中，則

常有限制或被誤解的缺失。

■三、其他的符號：如圖畫、音樂及工藝等

　　在互動的工具中除了語言與文字外，還有其他的符號，如圖畫、音樂與工藝等。使用這些其他符號作為互動溝通的工具時，其含義常不能如語言與文字那樣精確與清楚，帶有很高的抽象性，有較多想像的空間。然而這些其他符號所能代表的互動意義，常高過語言與文字之所能，如圖畫表示之美非常真實，使人一目了然。使用語言與文字對美的描述，有時難以描述清楚或貼切。

　　音樂所代表的互動意義，也常能觸動內心深處的感覺，很難用言語與文字形容與表達。各種不同的工藝在與人溝通互動時，所表示的意境也常很特別，除使見之者能瞭解外，也能使其心靈上受到感動。

第三章
組織的目標

第一節　組織目標的意義與用意

■一、意義

　　組織目標是指組織活動的方向與根據，組織的理性活動都以達成目標為方向或根據。

　　目標一詞的英文為goal，相關的同義詞有mission（使命）、purpose（目的）、objective（目標物）、target（標的）、deadline（截止時間）。這些同義詞，用在組織上也都與組織目標的含義大同小異，但意味略有不同。

■二、用意

　　就組織設立目標的用意看，目標的意義具有功能性或主導性的意義，及被動性或客體性的意義兩種不同情形，將此兩種意義分別說明如下。

㈠功能性或主導性（masters）的用意或意義

　　就功能性或主導性的意義看，目標的用意含有下列六重點。

1. 作為組織行動的方向與標的

　　組織設立目標的最主要用意是將之作為組織行動的方向與標的。組織的行動方向都要朝向目標，才能合乎要求，達成目的。

2. 促進行動與反應的力量

　　組織設有目標，便能根據此目標促進其成員及組織整體朝向目標行動與反應。目標乃成為促進行動與反應的主要力量。

3. 引導組織達成任務與克盡功能

　　組織目標所在是組織所要努力行動的指針與方向，也是組織必要達成的任務及其所應克盡的功能，故目標具有引導組織達成任務與克盡功能的作用與意義。

4.供為外人瞭解組織的特性

　　組織的特性大部分反應在組織的目標上，亦即組織目標代表組織特性的一大部分，故組織目標可供外人瞭解組織的大部分特性。外界可由組織目標看出其所為何事及目的何在，也可進一步瞭解其可能的做法與行動的性質。

5.供組織取得合法資源

　　組織要達成目標，必須使用必要的資源。許多組織所需資源都要從外界取得，甚至都需要經由政府核准。組織要取得何種資源，或取用多少資源，也必須以其目標為依據。如果組織所要獲得的資源不是可任意取得者，而是必須經過獲得外界的認同及政府的許可，則組織的目標可幫組織被外界及政府獲得瞭解而更容易取得認同與許可，使組織不但能合適也能合法取得資源。

6.供為衡量組織成績的標準

　　組織有無成績，往往以能否達成目標做為衡量的依據與標準，目標乃成為衡量組織成績的重要標準。依組織對目標達成的程度來衡量其績效。

㈡被動性或客體性（servants）的目標

　　組織目標的意義或性質具有被動性或客體性，幾乎成為服務者（servants）。就此方面的意義與性質，列舉說明如下。

1.目標是被設定的

　　組織的目標不是自動形成的，而是被組織的權力人士所設定的，是十足的被動性與客體性。

2.目標會被更換或淘汰換新（displacement）

　　一個組織在必要時可以更改或變換目標，故目標有被更換或被淘汰換新的可能，就此點性質來看，目標也是被動性的，或服務性的。

3.目標可被放棄

　　組織目標若是不合組織的需求與目的，或因太難達成、不切實際，則有被放棄之可能。

4.原目標變為新目標的工具或手段

當組織變換、修正或增添新目標後，原來舊的目標可能變為達成新目標的工具與手段。轉變的情形是將舊目標當為達成新目標的跳板，或當為達成新目標的仿效對象。為達成新目標，組織也可接受或使用為達成舊目標所需的資源與方法等。

第二節　組織目標的類型與性質

組織的目標很多，一個組織可能有多種目標，不同的組織其目標可能又會有不同。因此社會上所有的組織目標很多，可加以分類。而分類的標準也不只其一，從不同標準或角度各可分成多種類型，將重要的類型列舉說明如下。

■一、單一性或多樣性的目標

此種分類是依據一個組織目標的數量而分的，大致可分為單一目標或多樣目標兩大類。多目標的組織中，目標的數量又有不同的情形。通常目標的數量多少不同，達成的難易也不同。為達成目標所設計的組織結構的複雜程度也不相同。通常目標較少數或較單純者，要將之達成較少有困難，達成目標的組織結構也較單純，反之則否。

■二、正式性（official）與操作性（operative）的目標

正式性目標是指組織正式標示的目標，常用文字明寫在組織規程上。組織也以此正式性目標對內對外加以宣示，成為組織成員瞭解與認同組織的依據，也是使組織外的人認識組織的依據。操作性的目標是指在正式性目標下分解成較為有效或較容易達成的目標，而達成操作性目標也相當於或有助於達成正式性目標。

■三、外顯性（expressive）與隱含性（impressive）的目標

外顯性目標是指組織可將之公開與宣示的目標。一般正式性目標都是外顯性的，也是較可被人知的。隱含性的目標是指在暗中運作的

目標，常不對外宣示的，甚至是不可告人的。常言掛羊頭賣狗肉。掛羊頭表示賣羊肉是此家店舖的外顯目標，暗中卻將隱含的目標定位在賣狗肉上。

▌四、階層結構性（hierarchy）目標

此種目標的性質是指將多種的目標之間，依關係的性質安排成有高低之分，或上下之別的結構。位在高階的目標可涵蓋低階的目標，高階目標要能達成，也有賴低階目標先實現。

▌五、近程、中程或長程的目標

此種目標的分類是依據目標完成時間的長短，以及完成難易的差別上。較短程的目標是指較容易達成，費時也較短便能達成的目標。而較長的目標是指較難達成，達成的時間也較長的目標。至於中程目標，其達成的難易及需要的時間則介於長短程目標之間。

▌六、個體性目標與整體性目標

組織目標按其為誰而設立，或目標達成後可使誰獲益而分，可分為個體性目標與整體性目標。前者是指組織中個人或個別小團體所追求或所想達到的目標，後者是指組織整體所追求或所要達成的目標。個體目標與整體目標可能一致，也可能不同。

▌七、其他的目標分類

組織目標的分類還可根據其他多種指標而分，如按成員是否是很願意去追求與達成，而分為志願性目標與非志願性目標。又按目標可盡到功能的性質，而分為主功能目標及副功能目標。

第三節　組織目標的設定過程

組織目標的設定必經若干重要過程。㈠決定，㈡選擇，㈢行動。將三種重要過程細說如下。

■一、決定

此一過程發生在最先，要點在由誰決定及如何決定。可能決定目標的組織要員有多種：㈠全體成員，㈡組織的領袖或有力者，㈢組織的核心團體，如所謂決策小組，㈣特殊部門，如計畫委員會，或規劃小組等。至於如何決定則依照決定者的不同而不同，有經諮詢後決定，又有經開會討論後表決，也有由一人決定者。

■二、影響設定目標的因素

組織究應設何目標，以及如何設定，影響因素很多，重要者有下列三大類。

㈠組織內的因素

此類因素包括組織分子的願望、企求、組織分子的數量、其間的關係、組織領導者的能力、作風以及與成員的關係等。此外組織的規範，以及處境等也都是重要的內部因素。

㈡外在因素

影響組織目標設立的重要外在因素為數也不少。重要者為外在的需求、環境需求、相關組織的目標、規範，以及外部對組織的監督及控制力量等。

㈢目標本身的因素

目標數量的多少、目標的功能性質、目標的位階，以及目標達成的難易等，都是影響組織是否要將此目標定為組織目標，以及設定此一目標的過程為何等的重要因素。

■三、設定正式目標的行動過程

組織設定正式目標都經過若干必要的行動過程，這些過程如下所列。

㈠提出目標草案的過程

目標的設定常非一蹴而成，常要先經由草案的擬定與提出。此種草案可能由一人草擬，也可能由多數人共同擬定與提出。草案的內容主要是有關目標的界定與理由。

㈡對草案目標的說明與爭辯

目標提出之後，為慎重起見，常要經過審查或說明。在審查與說明的過程中可能會有爭辯與討論。對其中具有爭議性或衝突性的目標，需要討論與爭辯的程度可能特別熱烈。

㈢整合與議決

對於有矛盾性及有衝突性的目標，經過討論與爭辯之後，必須對之作出取捨，也必須對之加以整合。為求得整合與取捨，則可能必須經過議決的過程。至於議決的方式則有很多，重要者是經由投票或舉手表決。公開舉手若有問題，則可能要經由祕密投票。

㈣公布實施

當目標決定之後，則要再經過公布實施的過程，才能正式成為組織的目標並加以落實。

㈤完成目標

組織的目標以能完成或實現為最終目標，故一旦正式成立後組織就需努力去完成。為完成目標組織必須使盡有效的各種方法。

第四節　達成組織目標的過程

組織目標不是設定成形式作樣本看的，而是以能達成為終極目的。為達成目標，重要的過程有下列五項。

■一、確立目標

此一過程如上節所述，組織要完成目標，必先設立目標。確立的

目標必要很詳細明確，正式目標常要寫成文字。

▌二、選擇及使用方法

　　目標要能達成必須使用方法。為能有效達成目標，方法上必須要慎加選擇。好的方法可從多方面考慮，容易獲得與使用、成本低廉、效果良好等等都是重要的考慮指標。

▌三、取得與運用資源

　　為了達成目標，組織也常必須取得與運用資源。重要的資源包括人力、資金、原料或物資等。為達成目標必須尋找資源的所在，並設法獲得，且對獲得的資源也都加以適當有效利用，使其展現成果。

▌四、調整目標與方法

　　組織在達成目標的過程中，在半途上有必要對目標及使用的方法加以評估。如果發現目標設立不當、方法也不當，有必要加以調整，使目標能夠有效達成，使組織可盡好功能，增進其成立的正當性及生存的可能性。

▌五、完成目標

　　經由上述多種重要的過程，最後是要把目標加以完成。組織能完成目標才不會成為虛設，其設立也才有意義並有用處。

第五節　達成組織目標的評估與衡量

▌一、評估目標達成的目的與評估或衡量的困難

㈠目的

　　目標在達成的過程中，需要加以評估與衡量，其重要目的有下列諸點。

1.由評估可以發現錯誤並及時加以矯正

目標在設立之初可能會因設想不周，或設立不當，如因調子太高，以致難以達成；或失漏要點，而未能列入目標，以致失去重要的意義與目的。這些誤差或缺點都可經由在實現目標的過程中，作適當評估而及早發現並加以破除與彌補。

2.可以改進使用達成目標的方法

在達成目標的過程中，評估目標的適當性時，也同時可以發現達成目標方法的有效性。由評估達成目標的效果與效率，可進而發現所用方法是否恰當良好，而能及時作適當的更改，使目標能因得力於使用良好的方法，而更快速並更經濟達成。

3.評估與衡量組織的目標可改進組織的體質

組織的目標關係組織的體質是否健全。如果目標正確，組織的體質便可較健全。至於目標是否正確，則可由評估與衡量的過程中獲得發現並加以改進。

(二)困難

目標評估與衡量雖有諸多好處，但進行起來並不容易，重要的困難有如下諸點。

1.估計者的誤差

目標常是由組織中的權力人士所設計，如果也由其自作評估與衡量，可能會出現刻意隱藏缺陷的偏差，以致有失評估與衡量的客觀性。若評估者非為設計者，也可能因評估者與設計者的特殊關係而有誤評或誤判的情形。如為其同路人則可能替其護航，若為其反對者，則可能會惡意中傷，以致有偏差。能夠評估組織目標的人，也都為組織內外有權力的人，其與有權力創設目標的人之間，成為同黨派或互為反對者的可能性極大。

2.目標設計者的阻撓

對組織若有不滿或批評，對於組織的改進雖有好處，但對於目標設計者等於打了巴掌或不給面子，故評估時若有負面的看法，可能會受目標設計者的阻撓，致使評估或衡量會因受到阻撓而扭曲或消失。

3.評估與衡量目標達成與否或好壞的好方法難求

　　有心想將組織目標達成效果與效率加以評估與衡量者可能會因良好方法難求，而不易將目標評估與衡量工作做好。雖然研究評估與衡量的學者不斷在研究新方法，但好方法應用起來也會因組織的特殊因素，而使方法的信度與效度減失。

4.過度重視目標的評估與衡量，會導致目標反常或變質

　　在目標的評估與衡量過程中，會對原目標不斷修正，可能導致目標變形或變質。如果本來目標的品質不佳，經由評估與衡量後加以修正與改變，不無好處。但如果本來的目標良好，會因太重視評估與衡量致使其調整與改變，反而變為大不如前，實甚可惜。

二、評估與衡量的方法：廣泛系統衡量法（broad system term）

　　評估與衡量組織目標的方法可用廣泛系統衡量法。此法的意思是指要評估或衡量組織目標的達成成效及效率，可用多種立場或角度的觀點，也要注意目標達成的多種方面。前者如可由組織的成員、領袖、顧客，或與組織無直接關係的公眾的角度與立場來加以評估與衡量。後者則指可對目標是否達成、達成的成分，以及達成的效率等多層面加以評估與衡量。依多種觀點或角度加以評估或衡量，或衡量不同方面的目標，則目標的成效與否可能是衝突的。亦即從某些立場或角度來衡量，成效是良好的，但從別的角度或立場來衡量，則成效是不佳的。又如評估或衡量組織的某些目的，成效是良好的，但評估或衡量其他目標，則成效是不良的。

三、評估與衡量的重點

　　評估或衡量組織的目標主要看在三項要點上，將此三要點列舉並討論如下。

㈠有無達成或達成的程度

　　評估或衡量組織目標的最重要之點，在衡量目標是否達成或達成

的程度，此種評估或衡量重點稱為成效（effectiveness）的評估或衡量。目標若有達成，稱為有成效；若無達成則稱為無成效。達成的成分多，稱為成效良好；達成的成分少，稱為成效不佳。

㈡衡量為達成目標所支付的成本水準

此種評估或衡量的重點不在目標有無達成，而是在達成目標所支付的成本之多少與水準。此種評估或衡量目標的重點在於達成目標的效率（efficiency）。成本相對較低時，稱為有效率或效率良好；成本高時，則稱為低效率或效率不佳。

㈢對未達成目標的認定與探討

評估與衡量組織目標時，必須注意對未達成目標的認定與探討。認定何者目標沒有達成，探討目標為何沒有達成，探討目標間是否有衝突性，目標中有無超越能力範圍，以致無法達成等的問題。

四、參照評估與衡量的結果，作為再努力的目標或加以變更

評估與衡量目標後，若發現有未達成的目標者，則可將之作為再繼續努力達成的目標，或將這些目標加以修正或變更，使其較為合適。

第六節　不同類型組織目標的定位

社會上存在多種多樣的組織，不同類型或式樣組織的重要目標各有不同。本節列舉十種在台灣社會普遍存在的組織，並分別指出其設定的重要目標。

一、企業組織的目標

企業組織可能是台灣各類社會組織中數量最多者。此類組織可看為社會性組織，也可作為經濟性的組織，其重要目標約有八大項。

(一)獲得利潤

　　企業組織都是營利事業團體或組織，也以獲得利潤為主要目標。此類的組織包括財團、工廠、公司、商店及利益性的服務業等。主要目的都在營利賺錢，亦即是為能獲得利潤，台灣的企業組織數量所以會很眾多，與我國的企業自由化，又企業都以中小規模為主要型態的政策特性有關。

(二)占有市場

　　每個企業組織在市場上都占有一席之地，也都以能占有重要地位為努力目標。企業組織在市場上的地位，係指其產品或提供的服務都在市場上銷售給客戶或消費者，也從市場上購進所需要的原料或其他生產資源。大企業組織在市場上所占的地位重要；反之，小企業組織在市場上所占的地位則較不重要。

(三)生產力

　　企業組織都有某種程度的生產力，亦即以達到某種水準的生產力為其重要目標，其生產力以其產品或提供服務量的多少、品質的好壞、營利額的高低等為衡量的標準。

(四)創新

　　創新是有作為的企業組織的重要努力目標之一。因創新可使企業在市場上獲得良好的競爭力，並獲得良好的利潤。

(五)獲得資金與設備

　　企業為維持其業務，使之生存與獲利，常要有資金與設備為後盾，故企業組織也都以獲取資金與設備為經營目標。唯此種目標是較手段性的。

(六)工作者的成就與態度

　　企業組織以能使組織中的工作者獲得成就，並使其工作態度能積極認真，且能認同與愛護組織為重要目標。組織能達成此種目標，其

經營績效必也良好。

㈦達到成效

企業設有多種目標，而其最終目標是能獲得組織的成效。達成組織成效乃是企業組織的基本性，也是一般性的重要目標。

㈧公共責任

不少企業組織除為獲得利潤外，也能將公共責任當為其次要目標。據此目標將其獲得的利潤的一部分，作為從事公共建設與公共服務之用。

▌二、政府組織的目標

政府組織的目標基本上有異於企業組織的目標，其最主要的目標在保護國家與服務民眾。為能有效服務民眾，有必要負起管理民眾的職責與任務。政府為有效服務民眾，乃設有許多的部門，不同部門其組織的特殊目標又各有不同。

▌三、民意機構的目標

我國的民意機構分為官方及民間兩大類，在官方組織體系下的民意機關，包括各級的議會及中央級的立法院。民間的民意機構，則包含各類媒體。官方民意機構的重要目標在替民眾監督政府，也代表民眾將心聲與意見傳達給政府。民間的民意機構或組織，則除替人民監督政府為目標外，也為本身謀利益作為其重要目標。

▌四、社會福利與服務社團的目標

此類組織為數也不少，其重要的目標在服務大眾，造福眾生，不以營利為首要目標，但為求生存與發展，也不拒絕從各方面管道獲取資源。

▌五、醫療組織的目標

醫療組織包括大小醫院、診所、藥局等，也有許多相關的管理及

教育研究機構。此類組織的主要目標在促進衛生保健。

六、學校組織的目標

　　學校組織分成許多層級，從小學到中學、大學、研究所等。主要目標在於發展教育、傳授知識及保存文化。

七、家庭的目標

　　家庭是社會中數量最多，包含的人數最少的組織單位，重要的目標包括管、教、養、衛，亦即管理成員、教育成員、養育成員及保衛成員。

八、傳播媒體的目標

　　社會上重要的媒體組織，包括報紙、電視、電台及廣告公司等。其主要的目標在於傳達訊息、教育民眾、影響輿論及左右政府的決策等。

九、軍隊的目標

　　台灣社會也有不少軍隊的組織，類別包括海、陸、空軍，層級則從最高層的國防部至最底層的班。此類組織的主要目標，則以武力捍衛國家的安全。

十、農漁會組織的目標

　　台灣的農漁會組織共分三級，全部約有三百餘個，其主要目標在服務及造福農漁民，也為協助政府推行農漁業政策。

十一、其他的組織及其目標

　　除了上舉的組織種類以外，其他的社會組織為數還有很多。不同種類的組織，其目標也各不同。

第七節 良好組織目標的標準

每種組織都為設立良好目標而努力，但良好目標究應包含那些指標，則下列四種是為重要者。

▎一、可滿足成員的需求

組織的目標首要考慮對內的目的，再考慮對外的目的。一般言之，組織對內的最主要目標是要使成員能滿足其需求，因為成員加入組織都有需求，組織要能滿足其需求，才能維繫其停留於組織中。若組織的目標無法使成員滿足需求，成員必會離去，組織遲早也會瓦解。

▎二、實際可行

良好的目標以能實際可行作為重要的標準。陳義太高無法達成，或不切實際，不僅難以達成，且達成後對成員及組織都無助益，這種目標都不是良好的目標。

▎三、有助組織的成長與發展

組織的良好目標以能協助組織的成長與發展為重要指標；無助於組織成長與發展的目標，充其量是平平而已，談不上是良好者。

▎四、對社會有貢獻

社會組織的設立目標，固然是先為本身的好處著想，但也必須對社會有貢獻，才算是有好目標的組織。若不能對社會有貢獻，甚至對社會有不良的影響者，則此種組織難為社會所歡迎與接納，終也難以發展。

第八節 目標管理

目標管理一詞係從英文的 management by objectives 翻譯而來，簡

稱 MBO。就此有關組織目標的重要概念分述如下。

▌一、意義

所謂目標管理的意義是指對組織各層次的目標，或與各目標有關的事務加以管理之意。

▌二、管理內容

管理目標的重要內容包含很廣泛的範圍。本章各節所論述的內容都在管理的範圍之內，包括制定目標、選擇目標、達成目標、檢討目標、修正目標等。

▌三、管理目標的過程

管理目標的過程從先到後，至少包括下列幾個階段或項目。

㈠設定與選定項目

此一管理事項是指從無組織目標中，設立組織的目標，或從多種可能的目標中，選擇適當且優良的目標作為重要者。

㈡控制目標

控制組織目標，不使其偏離正確方向，也控制在能達成的掌控中。

㈢整合目標

當組織的目標多樣繁雜或彼此有矛盾時，必須加以整合，使衝突與矛盾化除，使各枝節的目標能整合成一有架構、有頭緒的目標群。

▌四、管理目標的流程

目標管理可分成兩種不同方向的流程，一為由下而上，另一為由上而下。由下而上的管理流程，是先結合或完成底層的目標而後促進或強化上層的目標。由上而下的管理流程，是將上層的目標正確作為下層目標的依據，以便下層目標容易達成並實現，且完成與實現能符合上層目標的需求。

第四章
組織的規模

第一節　組織規模的重要性

組織規模是組織的一項重要變項，對組織具有若干重要的意義，也代表組織的若干重要性質。本節就這些重要意義與性質說明如下。

▋一、代表組織性質的一方面

組織的規模與其目標、結構、文化、成效等同為組織的重要變項，都可代表組織性質的一方面。意即從組織的規模也可探知其性質的大概。一個規模龐大的組織，展現的性質是組織員工眾多、資金雄厚、耗用的原料多、產出的潛力也大。反之，一個規模小的組織，代表的意義是渺小及無甚可取或可畏。

▋二、可藉以瞭解組織的其他性質

組織規模不是獨立的變項，而是與組織的其他許多變項會有密切的關聯或相互影響，從組織的規模也可瞭解組織其他方面的性質，這些其他方面的性質包括結構、分化、形式及界限等。規模與結構的相關性，將於本章第四節有較為詳細的分析與說明。

▋三、關係組織的管理與行政的策略與方法

規模變數的一項重要性質是其關係組織的管理與行政。大組織與小組織的有效及適當管理，與行政策略與方法必須有所不同。大組織有大組織的適當管理與行政策略與方法，小組織又有小組織的適當管理與行政策略與方法。如果大組織用小方法，或小組織用大策略都不適當，也沒效率。有關組織規模與組織管理與行政的相關性，則將於本章第五節加以分析與說明。

▋四、關係組織的成效

組織規模終會關係或影響組織的成效，不僅關係獲得成效的難易，也關係成效的大小與多少。一般要發揮完全的成效，大規模的組

織可能比小規模的組織難。但大組織發揮的總成效則經常會比小規模的總成效大，然而過大或過小規模都不能使組織達到良好的成效。最能達成良好成效的規模是適當規模，有關適當規模的重要性及其對組織成效等的意義，則將在本章第六節有較詳細的論述。

第二節　組織規模的定義、概念與指標

▌一、定義

組織規模是指組織的規格與模樣，其規格與模樣都以數量、體積、容積、重量或價值的大小或多少來表示，其中大小是較常見的表達方式。

▌二、概念

組織的規模含有多層面的概念，亦即可由多方面或使用多種指標來顯示或表達。由不同層面所表達的規模，大小可能不同，但卻有密切的相關性。

▌三、衡量指標

衡量組織規模的指標不只其一，重要的指標視組織的性質而定。以下列舉兩方面的普遍指標，都可用來衡量組織規模的大小。

㈠依投入量分

組織的投入因素有多種，重要者包括人力、資金、土地、原料、設施等。每種不同性質的組織，需要投入的要素也不同。而每種投入的要素之規模都可代表組織規模的一方面，但計算規模的指標與方式也都不同。就以投入工廠組織的規模而論，主要是計算人數，而在投入人力中，也可再細分為初級的工作人員及高層的管理人員。又以投入學校組織的人數而論，則可再細分成學生的人數或規模及教職員工的人數或規模。

以投入的資金論規模，則可用金錢的數額來衡量。在不同的國家與社會，計算金錢的單位不同，故以資金衡量規模的單位也有多種不同情形。在台灣普遍以投入新台幣的數額論，在美國則普遍以投入美金的數額論。

就土地投入因素論規模，則主要看其面積。然而衡量土地因素面積的大小，則也視所衡量組織體的大小而作不同的計算。在台灣對於較小規模的組織體，則常以坪數或平方公尺加以計算或衡量，而對於較大規模的組織體，則常以分或公頃來計算或衡量。

至於以投入原料多少來衡量其投入規模，則要看原料的性質不同而使用不同的單位加以計算。對於固體的原料，可以件數或重量加以衡量；對於液體的原料，則可用容積或重量加以計算或衡量。論件數一般都用數量計，論重量則用斤兩加以計算，可用台斤或公斤，也可用噸或公噸計，論容積則常用桶數或公升加以計算或衡量。

㈡依產出量分

組織經過處理或轉換過程後，乃將投入的原料等因素變為產出品。產出品的規模則大致可用產量或產值來計算或衡量。

就產出量的規模論，可依產品的性質不同而有不同的計算或衡量方法。對於固體、液體或氣體的產品，計算或衡量的規模各為不同，分別可用件數、容積、重量等不同的單位加以計算或衡量。此外，產出量的規模也可轉換成產值加以計算或衡量。所謂產值是將產量轉換成金錢單位。如前所言，在台灣通常用新台幣計算，在國際則常用美元、歐元，甚至日圓加以衡量。

㈢依數量分

不論是組織的投入因素或產出品在計算或衡量規模時，常適合使用數量單位加以計算或衡量。數量的單位包含人數、班級、隻數、噸位及面積等。

㈣依範圍分

牽涉到空間概念的規模，常要以範圍來計算或衡量其規模。常見

的地理範圍，則如村里、鄉鎮、縣市、省、國、洲或全世界，其間規模的大小關係是一級比一級廣大。

(五)依職責分

組織分子或整體也常依其職責大小而界定其規模，如負責的規模係部分或全部之別。一般部分的規模都比全部的規模小。

第三節　大小規模優劣的比較

組織的規模常以大小論，但組織規模大小之間各有優劣點，將兩者的優點與劣點分別論述如下。

■一、大規模組織的優點

組織的規模大時，可明顯看出下列重要的優點。

(一)容易達到經濟規模

所謂經濟規模是指較合算的規模，也是成本較低、收益較大的規模。當組織規模大時，乃較容易達到此種較合算、較少成本、較大利益的經濟規模。規模大，容易達成經濟規模的道理是因為規模大，可大批進貨，因而可買到較低廉的原料或貨源，人力利用調配也較有效率，銷售貨品時，單位人力工資及運輸費用也較便宜。

(二)收入及收益較高

組織的總收入或總收益是平均單位收入或收益乘以數量的積數。數量代表規模，因此大規模常有益組織獲得較多的收入及收益。當然大規模也要有限度，才不致於使收入與收益降低。

(三)資金與人員有出路

組織的規模大，需要使用資金與人力都較多，因此不僅可使組織的資金及人員有出路，也可使全社會的資金與人員都較有出路。所謂有出路是指較容易投入組織運作的行列，因而也可獲得報酬。

㈣氣勢大，地位重要

　　大規模的組織，人多勢眾，財大氣粗，可使組織的氣勢大，地位也重要。與較小的組織競爭，談判與協議都較容易勝算。

■二、大規模組織的缺點

　　組織的規模大雖有許多優點，但也有不少缺點，將重要的缺點列舉並說明如下。

㈠資金與其他資源供應不足

　　規模大的組織，通常需求較多的資源與資金才能維持其運作或生存。如果規模過大，超乎其能供應資金與其他資源的限度，則資金與其他資源在供應上常有不足的問題。常見台灣的企業組織因擴大規模，以致資金與資源不足，終因調度困難、週轉不靈而關門。

㈡訊息傳達不暢

　　規模太大的組織，從管理中心至支末的層級會較多，距離也較長，以致有傳達不暢、費時較多，或速度變慢的問題。

㈢複雜度高、控制不易、管理不周

　　規模大的組織，結構的複雜度通常也較高，組織的控制會較不容易，管理的效果也較不周全。

㈣彈性疲乏，以致倒閉或崩潰

　　規模較大的組織，可能會有上述各種缺點。有些組織無法適當有效處理應對，乃會呈現疲乏狀態，終致形成倒閉或崩潰。

■三、小規模組織的優點

　　大規模組織的優點常是小規模組織的缺點。反之，大規模組織的缺點，則常是小規模組織的優點。一般言之，小規模組織的優點有下列三點。

㈠精巧、美妙

　　小組織的首要優點是精巧、美妙。組織規模雖小，但各方面都具體而微，也能有精巧、美妙之感。所謂小而精，小而美，是小規模組織的優點之一。

㈡管理周到

　　小規模組織的成員不多，容易照顧，管理也能較為周到，是其第二點好處。一般小家庭組織都因成員關係較為融洽，管理也都較為周到，因而較少困難與問題。反之，較大規模的家庭組織，成員之間的歧見較多，較難管理，通常問題都較多。

㈢少虧少損

　　較小規模的組織，投入的資本都較少，營業額較少，營利額也較少。然而較少的投入卻也有少虧損的優點。

▎四、小規模組織的缺點

　　小規模的組織雖有好處，但也必有缺點。重要的缺點至少有下列三點。

㈠發展受限

　　小規模組織的缺點投入量少、產出量也少，發展上處處受到限制。因為人力少，能做的事有限。因為資金少，難能投入較多的原料與其他資源，設備也不多，故能生產的數量不多，要擴大經營規模大有限制。若要擴大發展也因為基礎範圍小，力量薄弱，發展的速度較慢。

㈡收益偏低，難達經濟規模

　　小規模的組織只能作小本經營，作業量有限，難達經濟規模，收穫與利益都很有限度。

㈢單調乏味

小組織內部的人數少，工作性質較少式樣，每人職務能變化的幅度很小。在組織中能認識與接觸的人也不多，人際關係狹窄，個別分子工作與生活在其中難免乏味。

第四節　組織的規模與組織結構的關係

社會組織的規模是決定組織性質的一項重要變數。此一變數與組織的其他多種變數之間都有密切的關聯性。先就與較有關聯的結構變數之間的關聯性質分項說明如下。

■一、規模與結構複雜化的關係

組織的規模與結構複雜的關係有下列三種不同的說法。

㈠正相關

在一般的情況下，組織的規模與其結構的複雜度會有密切的關係，且關係的性質是正向的。因為要使組織結構複雜，或組織結構要能複雜，非有足夠數量的成員或業務，無以為助。組織結構複雜度的重要指標包含層級及部門的多少、功能分化的程度，及權力分散的情形等。在這些方面要能趨於複雜，非有較多的成員及較多的業務不可。若無較多的成員與業務功能，便無必要使其結構趨於複雜化。換言之，複雜的組織包含人多、事多、關係多、問題也多，故其結構必然也可能複雜。

㈡無相關性

組織規模的大小與複雜度也可能不一定有關聯。兩者可各自獨立存在與運作。規模歸規模，複雜度歸複雜度。規模大，不一定要設計或形成複雜性；規模小，也不一定要設計或變成單純化。大規模的組織可能複雜，也可能不複雜；小規模的組織也可能不複雜或複雜。

(三)反相關性

　　組織的規模與複雜度的反相關性,是指大規模的組織結構複雜度低;反之,規模組織的複雜度高。唯在此必須注意的一個要點是,組織與其結構的複雜度會呈負相關的情形,必須是所謂大小規模都要達某種程度才能成立。亦即是所謂大規模不致大到非常大或非常多的程度,以致以簡單的結構難以掌控。而所謂小規模也不能小到非常小或非常少,以致難再細分的程度。

　　在此以大鍋菜來比喻說明大規模的組織不一定要或會複雜的道理。本來為使菜肴的結構複雜,可將各種不同的菜類分別作不同的煮法,如蒸的、炸的、炒的、燉的等不同作法,分別作出多種複雜的菜色,但如果要將菜色簡單,則可將各種菜料一齊放進大鍋中,同時燒煮,像煮火鍋一般,手續與菜色變為單純化。

　　規模小的組織也可使其結構複雜化的道理,則可用多頭馬車來比喻。本來一部馬車只要一匹馬來拖,就可單純的往前直奔,但多頭馬車的走向就很複雜難定,拖車的力量也會相互牴觸或衝突,致使馬車的行動方向與力量都趨複雜化。在此也要補充一點,為使馬車的運行複雜化,多頭馬車的馬數雖不一定要很多,但必須是多數。

■二、規模與分化程度的關係

　　組織的分化是指組織包含的指標多,每樣指標之下的細項種類也多。要能達到此種分化的程度,組織的規模要大,才較可能或較容易發生。就大規模的組織與其分化程度的關係,可分成下列數種不同方面的概念。

(一)規模大,分支單位多

　　組織的規模大,常有必要或容易將之分支,以便分化與分工。組織也常因必要或含有多個部門而使規模變大。規模與分支之間有可能互為影響,互為因果關係。規模大必要分支的道理,是可避免因未分支而失之打混。

　　規模大小與分支的必要與否有關,也與分支單位的多少有關。規

模越大，可分支的單位可能越多，故需有足夠的規模，才有足夠的總量可供分成較多分支單位，如果規模小、總量少，將不足以分成太多分支，否則每個分支包含的單位數量太少，也不能成為有意義的分支單位。

㈡垂直層級多

規模較大的組織，不僅可在平面上分成較多的部門或分支，也可方便或必要在垂直上分成較多層級。規模大，單位總量多，如果不分層級，或將層級分得太少，則每一層級的控制幅度（span of control）都會偏多，控制上會有困難或易失效，因此必須多分層級，以利控制或管理。層級越多，也表示分化程度越高。

㈢職能種類多

規模大的組織，因為人員多、設備龐大、投入與產出量也都較大，因而也較容易分解為較多種類的職能。投入的人力眾多，能方便從事多種不同的工作。投入的資源與產出的產品多，則可分成較多種類。

㈣平均規模大

大規模的組織與小規模的組織，如果分支的單位數相同，則前者的每分支單位的平均規模，必會比後者的平均規模大。在較大平均規模的分支體之中，也可能方便再作細分，因而分化程度都會較高。

㈤行政人員與員工的比例可能較低

大規模的組織，行政人員可能無法與員工的人數作等量的分配，可能形成行政人員對低階工作人員的比例偏低。每單位行政人員需要負擔的工作量可能較多，工作種類也可能較多。但此種性質不一定必然，要看組織的政策是否重視補充行政人員的數量而定。

㈥控制幅度（span of control）可大可小

組織的規模越大，在一般情形下，每一層級的管轄或包含人數可能會較多，設定的層級也會較多。但在每一層級之下實際包含的人

數，亦即所謂控制幅度（span of control）是否會比小規模組織每一層級的控制幅度大或小，卻也不完全一定，要看所設定的層級及每一層級下的單位數量多少而定。如果層級少，每一層級下的數量多，則控制幅度必大。反之，如果層級多，而每一層級下的數量少，則控制幅度就不會太大。總之，層級的多少及控制幅度大小都有關組織分化的程度，也有關組織的結構性質。

▌三、規模與正式性的關係

組織的規模與正式性也有關係，就以大規模的組織所呈現的兩種形式性質來說明此種相關性。

㈠大規模會趨向個別分子間的關係較重表面的形式

組織的規模大，成員數量多，彼此間的認識程度有限，互動關係也必然較片面，比較形式化，較少能整體投入。每個人可能只以其人格的一部分與他人互動，且與不同的人互動也呈現不同方面的人格相當表面化與形式化。

㈡大規模的分工程度較高，需要的協調也較多，且也要有較明確的賞罰標準與依據

分工是協調以及明確的賞罰標準與依據，也都較正式化。較不能隨便與打混，也較不能隨興或講人情。

第五節　組織規模與行政管理

組織規模在大小不一的情形下，其行政與管理的概念也不一樣。本節就組織規模與行政管理的關係分成如下三點加以說明。

▌一、對大規模組織的行政或管理的概念

大規模組織的重要行政或管理概念有如下四大點。

㈠行政人員的比例較低

由於組織的規模大，成員的人數多，每個管理人員需要的分子數量都會較多，行政與管理人員占全部組織成員的比例會相對較低。

㈡控制幅度較大

因為規模大，組織的總成員人數多，管理或行政人員所占比例較少，因此每一層級管理或行政人員所管理或控制的人數都較多，其控制幅度會較大。

㈢需要較明確的獎懲規章與法則

由於規模大、人數多，要作有效的管理相對較為困難，需要藉助明確的獎懲規章與法則為依據，管理的效率才能較佳。

㈣需要較多溝通、協調與整合

大組織的成員人數較多，彼此間極需要經過充分的溝通協調，其意志與理念才能較為一致與整合。大組織能整合一致，組織才能發揮較為良好的效率。

■二、由小規模變成大規模的管理策略與方法

社會上不少較小規模的組織，都有意願變為較大的規模。為使組織規模能由小變大，在行政與管理方面的重要策略與方法有下列多種。

㈠合併

合併是將兩個或兩個以上的組織結合成為一個組織之意，經合併後的組織規模是原來個別組織規模的總合，比原來任何一個組織的規模都大。

㈡依附

依附的意思是將一個組織添加或黏貼在其他組織之上，被依附的組織是由小變大。依附與合併的差別是依附與被依附組織之間有母與子的關係。依附者是子，被依附者是母。然而在合併的兩個組織之

間，其地位相等並無母子之分，也無主副之別。

(三)合作

合作的策略是指兩個或兩個以上的組織結合，各個體都得保持獨立自主的地位。兩者攜手合作，則可盡到單獨存在所無法盡到的功能，無異是其規模變大後的功能表現。

(四)接管

接管的意思是指由一個主體組織去將其他組織加以接收並管理之意。台灣的農會信用部曾有一度被銀行接管的情事。一個組織被另一組織接管後，前者常成為附屬體，而後者則成為主體。

(五)統合

此種由小規模變到大規模的過程與合併極為相似，唯統合的過程可使原組織或多或少保留獨立自主性。各組織之間僅統合而有較為一致的理念與目標，經統合的組織無異是結合在一起成為一個較大的組織。

(六)協調團結

在一群原為小規模的組織又是容易發生衝突者，經由協調團結後，也可使其規模變大。

■三、由大規模變為小規模的管理策略或方法

由大規模組織變為小規模組織的重要策略或方法有四種重要且有效者。

(一)分割

將一個大型組織加以分割，可分成數個規模較少的組織。如將一個大規模的組織平均分割成數個較小的組織，則分割後的規模只為分割前的數分之一。

㈡裁員

　　經由裁員而使組織人數變少，也是常用為使組織規模變小的策略與方法之一。規模變小的程度與裁員的人數直接有關。裁員越多，規模變小的程度會較大。反之，如果裁員的人數少，則規模變小的程度也較小。

㈢縮編

　　縮編也是一項將組織規模由大變小的重要策略或方法。此項策略是綜合性地將組織緊縮編制或編列，包括裁減人員、減少預算、縮小範圍、減少設備與業務等。如此從多方面將組織的架構、範圍與內容都加以緊縮，其規模必然變小。

㈣關廠

　　生產企業性的組織如工廠，使規模變小的另一策略或方法是關廠。關廠若是全部關閉，則其規模會變小到零。若是部分關廠，則關廠之後尚有餘廠，但規模必將減少，不僅投入因素減少，產出量值也減少。

第六節　適當規模：多指標的概念與理論

　　適當（optimum）的概念可適用在許多的事理方面。人口研究上有「適當人口」（optimum population）的概念。在農場管理學上也有適當農場規模（optimum size or scale of farm）。此一概念也適合應用在社會組織的研究上。

　　論組織規模的適當與否，其衡量的指標是多項的而非單一的。以下就最常被用為衡量社會組織指標下的適當規模概念加以界定之。

■一、可獲得最高收入或利益的規模

　　此種界定適當規模的概念是較經濟性的。一般最常使用在衡量企業組織的適當規模上，因為此項組織的主要目標在追求最高收入或利

潤，故組織規模適當與否，也常以其是否可獲得最高收入與利潤等經濟性的概念作為衡量指標。如果未達到最高收入或利潤，則其規模亦未達適當標準，還可擴充，使其達到適當規模為止。若其已超過適當規模，反而會使其他人及利益下降，此種規模稱為過度適當（over-optimum size），應將其規模縮小，使其回歸至適當規模為上策。

■二、可使組織的資源作最佳配合的規模

衡量組織規模適當與否，也常將是否可使組織的各項要素能作最佳配合作為衡量的指標。此種衡量的指標具有經濟性與社會性的意義，因為組織要素是否能作最佳配合，除含有是否可發揮最高生產效率的經濟性概念以外，也包含能否最和諧、最協調的社會性概念。依據此一衡量指標，則組織要素的配合情況是在最佳的情況下，也表示其規模最為適當。

■三、可使組織成員對組織有最大的歸屬感及最大的滿足

此種衡量指標是較屬社會心理性的。依此指標衡量，則組織的適當規模，都能使其成員對組織有最大的歸屬感與最大的滿足感。事實上，組織成員對組織歸屬感與滿足感的形成是複雜的，影響因素不只其一，其中組織的成效、組織的文化、組織的氣候、組織的價值與目標、組織成員的互動關係、組織的領導風格等，都是重要的決定因素。這些因素與組織規模都可能有密切的關係，故組織在某種規模情況下可收最佳的成效、文化、氣候、價值、目標、互動、領導等效果的規模，應是其最適當規模。

■四、組織內部關係最為協調融洽

社會性的組織首重組織內部分子間的關係，關係協調與融洽與否，對其運作與功能影響至大，故看組織是否適當，也不能忽視在某種規模下，組織內部的關係是否最為協調與融洽，若最協調融洽，表示其配合也最佳，則在此情況下的規模也最為適當。當然在同一規模下，組織的內部關係會有多種不同情況，在不同規模情況下，組織的

內部關係也可能不同，故在定義組織內部關係最為協調融洽的規模是最適規模之前，必先要將組織內部的協調性及融洽性與組織規模之間求得一定的關係。

■五、與外界其他組織或因素的關係最為良好恰當

　　社會組織在社會中不是孤立的，而是與其他外界的組織與因素之間都有密切的關聯。組織的規模是否適當，也要注意在某種規模條件下，組織與外界的其他組織與因素的關係是否恰當良好。例如當外界的資源與消費市場不大的情況下，生產性的組織規模若擴充太大，就顯然不合適，也不具適當規模的性質。當外界的居民對於某種休閒娛樂並不感到興趣的情況下，若休閒娛樂性組織不斷擴大規模，顯然就不適當，也不實際。

第五章
組織的結構

第一節　社會組織結構的意義與性質

■一、意義

　　所謂社會組織的結構是指社會組織內部較固定的社會關係架構，依循這些關係架構，社會組織分子較能方便與他人互動並盡職責與發揮功能，組織也可矗立不搖。如下再就三組美國的社會學家對組織結構所下的定義譯述與列舉如下。

㈠彼得布勞（Peter Blau）的定義

　　布勞認為組織結構是指組織中處於各種職位的人的分布脈絡，這些職位可影響其在人群中的角色關係。（Organization structure means the distribution, along various lines, of people among positions that influence the role relations among these people.）

㈡藍森等（Ranson, Hinings, and Green Wood）的定義

　　藍森等人認為結構是一種控制的複雜媒介，此一媒介可繼續在互動中生產與創造，也可改變互動，因此結構是被建構的，也具有建造性。（Structure as a complex medium of control which is continually produced and recreated in interaction and yet shapes that interaction; structure are constituted and constitutives.）

㈢梅爾等（Mayer, Rown and Kamens）的看法

　　梅爾等人認為結構是一種迷思，被社會需求創造出來的。（Structure as a myth, created by social demands.）

　　以上三組學者對組織結構的意義從不同的角度加以闡釋，故看法上都有出入。

■二、性質

　　從多種方面或角度來看組織的結構，則結構的性質也相當多樣，

將之列舉並說明如下。

㈠具有三種重要功能

就功能的性質來看結構,則組織的結構具有下列三種重要功能。

1.促進組織生產,達成組織目標

組織設定或形成結構的主要目的或功能之一,是使組織能依結構運作而發揮生產效力,以達到組織的目標。此處所指生產可能是生產實質的產品,也可能是發揮抽象性的生產或服務功能。

2.減低個人在組織間的差異

結構規範個人的自由度,也約束個人的特性,使其為整個組織出力。故在結構中個人是組織的一部分,而非獨立的個體,由此可促進個人的團體性,減低個人的獨立性質,因而可減低個人之間的差異。

3.使權力能運作

結構形成權力運作的範圍、脈絡與框架,有助權力在結構範圍內,依結構的脈絡與框架運作,較容易進行並發揮效能。

㈡影響個人對組織的反應

個人在組織中必然會有反應,如何反應則常參照結構的脈絡特性,例如按結構指揮並管理下層、向上層請示或建議,以及與同僚協調合作。

㈢結構性質與個人性質相互動

組織的結構與個人的反應或其他性質之間,不全是單向的影響,而是會相互互動。結構固然會影響個人的反應、互動路線與內容。個人的反應、以及與他人互動等的性質,也會影響或決定結構。例如組織中經常較有往來與互動的一群人,可能結合成組織中的小黨派。

㈣組織的不同單位或部門結構不同

不同組織的結構會不同,同一組織中的不同單位與部門的結構也會不同。主要因其任務編制或規定不同,用人的數目與品質也不相同之故。

㈤組織結構有多種方式

　　組織結構方式依其內容不同而有多種的方式，常見的重要結構方式有：權力的層級架構（hierarchy of authority）、有限權力結構（limited authority）、分工（division of labor）、依技術能力而作不同的參與（technically competent participations）、差別待遇結構（differential rewards）。

㈥組織的多種結構類型

　　法國社會學者涂爾幹（E. Durkheim）依社會組織關係的不同性質與型態歸納出機械型與有機型（mechanical vs organic），前者指關係結構較為簡單鬆散型，後者指關係結構較為複雜細密型。

㈦結構以複雜度（complexity）、正式性（formality）及集中性（centralization）為三個重要衡量指標

　　結構的性質可從複雜度、正式性及集中性三方面來衡量。不同的組織結構，在三方面指標下的性質會有不同。

第二節　研究的重要性

　　社會組織的研究中，將組織結構的研究作為一個重要的課程，其重要的理由有三大點，將之分述如下。

■一、結構牽涉許多組織的性質

　　組織的結構有必要研究的重要理由：一是，結構與其他多種組織的性質有關聯與牽扯。重要的相關性質除與本節第二點組織的成效與存亡有關外，還有與組織的規模、互動管道、分工、制度、型態、複雜性、正式性、集中性、管理及變遷等有關。各種組織的其他性質都受組織的結構所影響，也影響組織的結構。

　　結構與規模的關係在本書的前章已有說明。結構對其他組織變數或性質的影響，則可摘要說明如下。

(一)結構對互動的影響

組織中各單位如個人或團體之間的互動,會受結構的脈絡所影響。同部門或同單位的分子之間互動會較頻繁與熱絡,不同部門分子之間的互動可能較為少量,也較間接。

(二)結構對分工的影響

組織結構界定了組織的部門與類別,同部門的分子間必須團結合作,合作則須經分工。不同部門之間也需要分工與合作,組織才能整合一體。

(三)結構對制度的影響

組織的結構也影響或決定組織的許多制度。如由會計出納部門計算及發放薪水的制度,由業務部門購貨或銷售成品的制度,由人事部門整理獎懲資料等制度都與組織中設有會計出納、業務及人事部門的結構有關,也受此種結構性質的影響與決定。

(四)結構對型態的影響

組織結構確定了組織的層級及部門,也影響組織結構圖樣與型態。層級多的結構,垂直長度會較長;部門多的結構,型態則會較寬。

(五)結構對複雜度、正式性及集中性的影響

組織結構本來是以複雜性、正式性與集中性為三項重要指標,結構性質受此三項變數所影響,結構也反應這三方面的性質。結構複雜表示組織的性質不單純,結構正式表示組織的形成不馬虎,權力結構集中表示組織的權力由少數有力的人所掌控。

(六)結構對管理的影響

管理方法與工具常須視組織結構的性質而作不同的選擇。對於結構正式性高的組織,必須使用較明確的法規作為管理的依據。對於空間結構廣大的組織,有效管理方法,則要多採用溝通的媒介工具,如電話、網路或傳真機等。

㈦結構對變遷的影響

結構堅硬的組織，變遷會較不容易，若一旦變遷卻較容易碎裂，並作較徹底的改變。反之，結構較柔軟的組織，型態與內容較容易作有限度的調整與改變，但常不必作很徹底的改變。

總之，由於組織的結構與其他許多組織的性質會有影響或關聯。顯然結構的變數相當重要，故要加以研究。

▌二、關係組織的成效與存亡

組織結構研究的第二項重要性是此種變數關係組織的成效與存亡。由於組織結構會有關組織架構的寬狹、長短、及強弱，必然會影響組織的成效。如果結構良好，管理順利，成效必佳，否則如果結構不當，管理困難，成效也不良。組織的成效良好與否，終會關係其發展與存亡。無良好成效的組織終將被淘汰，生存也有困難。

▌三、在學術上的旨趣

在社會組織學研究的發展上，結構學派的興起是繼人群關係學派之後。因受人群關係學派的啟發以及為改進人群關係學派的缺點，乃興起結構學派。

人群關係學派約起於十九世紀初，關切工人關係與其工作表現與效率的研究。至 1939 年時 Roethlisberger 及 Dickson 發表霍桑實驗的研究成果，證實人群關係中的自尊、士氣、團體動力、團體壓力等因素對於生產效率的影響，遠比物理設備的因素重要。亦即個人的工作表現深受其所處的社會關係網絡的影響。個人經與他人互動而獲得工作的意義以及工作行為的準則。人際關係成為影響個人工作意義與動機的社會環境，影響個人的工作效率與工作滿足。

人群關係的理論對於結構學派的啟發，在於人群關係會受組織結構的影響，也會影響組織結構的要點上。結構會影響人群關係的道理，是結構中相近部門的個體之間必然較密切，而在結構上遠離的部門之間或個體之間的關係則必較疏遠。反之，人群關係也會影響結構

的道理是，人群關係密切良好的個人之間可能聚合成為小團體，在大組織中形成一股強而有力的支系。總之，當人群關係的研究呈現重要時，必也啟發學者對結構研究的重視。

後來當人群關係的研究也顯露了缺點，而無法解釋所有的組織問題時，研究者的著眼點乃轉向對結構研究的重視，此一學派的興起約自二十世紀的中葉，當德國社會學家韋伯（Max Weber）的著作被譯成英文之後。韋伯的科層組織（bureaucracy）對結構學派興起的影響至為深遠。

第三節　影響組織結構的重要因素

影響社會組織結構的因素有多種，包括內外的因素，其中重要的因素約有五種，即一、規模因素，二、技術因素，三、規模與技術混合因素、四、環境因素，五、策略選擇因素。就此五種重要因素的特性及其對組織結構的影響分析說明如下。

▊一、規模因素

組織的規模因素對組織結構的影響在前章有關規模的重要性部分已有說明。在此再加扼要提及四點重要影響，㈠大規模可使組織結構較趨複雜化，㈡大規模有助組織權力的分散，㈢大規模也有利組織作較多層次及細密的分工，㈣大規模也有助結構作較正式的安排。

▊二、技術因素

組織所使用的技術對組織的結構也會有影響。組織所用的技術種類越多、越複雜，需要組織有較多專門性、複雜性的結構為之應對。無較多部門或較複雜的結構，難以有效操作多種又複雜的技術。就以製造飛機的公司組織結構為例。因為飛機的組織與製造牽涉許多種類與極複雜精密的技術，需要專設許多部門來研發、製造或組設，故飛機製造公司的結構必然也會很複雜精密。

▌三、規模與技術混合因素

　　此類因素是將影響組織結構的兩個重要因素加以混合而衍生出多種影響組織結構的新因素，例如可以混合出㈠大規模卻是技術粗糙的因素，如製糖工廠之類，㈡大規模卻是技術精密的因素，如製造飛機的公司，㈢小規模也是粗糙技術的因素，如家庭農場，㈣小規模卻是精密技術的因素，如製藥工廠等。此四項規模與技術不同混合的因素影響糖廠、飛機公司、家庭農場及藥廠的結構特性各有不同。其中飛機公司的複雜度必然是最高者，家庭農場的複雜度則是最低者，而糖廠及藥廠的複雜度則介於前兩種組織的複雜度之間。

▌四、環境因素

　　組織所處的環境，包括自然環境及社會、經濟、文化及政治環境，環境的性質不同，影響組織的結構性質必也不同。自然環境變化多端的組織，其組織結構必也可能會趨於較複雜性，才能有效應對或克服環境。組織的非自然環境不同，如社會、經濟、文化及政治環境不同，也會影響組織的活動不同、反應不同，因此其結構性質也會有所不同。

▌五、策略選擇因素

　　組織的結構性質如何，受組織權力人士的選擇因素的影響很大。選擇的結構為圓，組織外型則為圓；組織為方，外型則為方。選擇扁平的結構，最後組織的外型必然也會成為扁平。反之，選擇狹窄高聳的結構，必也使組織的外型變為狹窄高聳。

第四節　結構的複雜度

　　衡量組織結構的複雜性或複雜度，主要可從三大方面入手或著眼，即㈠水平差異性、㈡垂直差異性、㈢空間分散性，本節先就此三方面所呈現的不同複雜性質的情形扼要分析說明，再論複雜度的影響

或後果。

一、水平差異性

組織的水平結構有簡單與複雜的差別性,水平的種類與數目越多,表示其複雜度越高。反之,水平的種類與數目越少,表示其複雜度越低。

二、垂直差異性

不同組織的結構在垂直的層級上,也有多少之別,有的層級多,有的層級少。層級多者表示其複雜的程度較高,層級少者複雜的程度較低。在不同層級的部門表示其權責不同,工作或業務的性質也不同。

三、空間分散性

社會組織所包含或分布的空間也有廣狹大小之別。有的分布廣闊,有的分布狹小。一般空間分布廣闊的組織,必然也較複雜,常要分設較多的辦事處或分公司。

四、複雜度的影響或後果

組織結構的複雜度可從其水平方面、垂直方面,以及空間分布等方面看,這些方面複雜程度的差異,對於組織的多項其他方面都有影響,較可能受到影響的方面有三項,將之說明如下。

㈠對組織成效的影響

複雜度高低,分工程度有所差別,管理的效果有所差別,終會影響組織的成效也會有所差別。一般複雜度較高的組織,如果各項投入要素,包括資本要素、技術要素及管理要素等都能配置良好,則其成效應可比結構複雜度低的組織的成效可觀。然而如果結構複雜,卻無法將各項投入因素作良好配合,管理又不佳,則也容易失之混亂並喪失效能。

㈡對行政管理的影響

　　組織的結構複雜高低不同時，在行政管理上有必要作不同的應付，才能使組織保持良好的效果。對於結構複雜度高的組織，在行政管理上也需以較複雜的手法應付，包括編制較多數量及較多任務的人員，使用較複雜的方法與技術等。

㈢對權威的影響

　　組織結構的複雜程度會影響組織權威的大小及集中或分散的程度。較複雜性的組織結構，領導或管理的權威有可能趨於更集中，也可能趨向較分散，視領導者或管理者的治事及管理作用而定。較為專權的領導與管理者，可能將權力集中，以提高效率；但較為民主的領導與管理者，則可能將權力分散給各分支單位，由其就近負責施展權威，使領導與管理能發揮較佳效果。

第五節　組織的正式性

　　組織結構的另一性質可從其正式性的程度見之。所謂結構的正式性是指結構形成的正式程度。有關結構正式性的研究有下列三大項。

■一、結構正式性對組織及組織中個人的意義與關聯

㈠涉及組織對個人的控制

　　組織結構正式性的高低涉及組織對個人控制的程度。正式性高者表示控制力大，個人在組織中的行為表現都要按照規章來，不可稍為馬虎或脫軌。

㈡對組織的調適與創新大有影響

　　結構正式性高的組織要調適環境變化的衝擊，或要創新，只能在結構範圍內實行與表現，如果組織結構中設有調整與應對變遷與創新的部門，則可由其專責處理。專責機構或部門以外的單位或人員很難

負起實行與處理的責任。由此可見結構正式性高的組織在調適與創新上也較少有自由度，因此也可能喪失部分調適變遷與創新的機會。

(三)從規劃、步驟與制度中可看出其正式性

組織結構的正式性高低可從組織的規劃、行事步驟、過程及制度中見之。正式性的高低意指表現在動態的過程中，也存在既定的制度上。正式性高的組織在規劃過程中必然都要按步就班，也將各種需要正式規定的事項詳細清楚的納入規劃的過程中。在組織行事的步驟上也一一按照規定呈現，在各種制度上也都有很明確的規定。

■二、結構正式性的重要指標

正式性表示組織結構性質的一個重要指標，而表示組織正式性高低的重要指標有下列四種。

(一)權力集中度

組織權力的集中度係表示組織結構正式性的一項重要指標。權力越集中，顯示組織的正式性越高，組織的中央有絕對的權力掌控地方或分支部門。各地方或分支部門不能輕易造次，或使出權力。

(二)變遷計畫性

計畫變遷也是表示組織結構正式性的另一重要指標，有計畫比沒計畫正式。各種變遷按照計畫引導，變遷的方向與進度等較能有條不紊、中規中矩，才不致脫序或走樣。

(三)工作重複性

正式性的工作程序，極可能有重複性的安排與規定，故實際上也常會重複發生。重複又有規律的行事或工作，表示有很正式的制度為之引導與約制，可使行事或工作過程不致雜亂無章。

(四)傳統性

越是正式的規則，越容易成為習慣，習慣久了就成為傳統。傳統性的行事規範也都是很正式性。

■三、正式性對個人的影響

　　組織的正式性對組織中的個人有多種影響，將之說明如下。

㈠界定個人的功能

　　組織中的多種正式性規定，都是有關約定個人在組織中可運用功能的內容與範圍。在正式的組織中，個人有必要以能盡規定範圍內的功能為目標及界限，不宜越出規定，否則是違犯規定，不但不會受到獎勵，可能還會受到懲罰。

㈡決定個人的工作

　　組織中的正式規定，既界定個人的功能範圍，也規定個人的工作性質。個人在行使工作時也都要按照規定行事，以維持組織的秩序與規範。

㈢個人必須遵守規則

　　越是正式的組織，對於組織中個人的行為守則會規定得越嚴密，組織中的每個人都必須遵守。規則約束個人，不使其脫軌與傷害組織或團體。

㈣使個人失去自主性

　　組織的各種正式規定，約束個人的行為表現必須中規中矩，也常使個人失去獨立性與自主性，甚至喪失創造力，這是組織太正式化的一種很負面的影響或效果。

㈤個人與組織失去功能

　　組織的正式規定，有時於日久之後，會不合時宜，反使組織及個人因太遷就正式規定，而缺乏應變的能力，終也喪失應有的正面功能，殊甚可惜。組織及其中的個人不得不察，不宜過度正式以致失去應有的功能。

㈥造成個人的疏離感（alienation）

　　組織太正式，會使個人感到缺乏人情味，感到不切實際，於是對組織會產生背叛或遠離。對組織而言，實也得不償失。

㈦傷害專業人才

　　在正式化高的組織中，各種人才都得照章行事，少能作分外的發揮與表現，對於具有專才的人，如果未被適當使用，則其專才必被埋沒與折傷。

第六節　組織權力的集中性與分散性

　　組織的結構性質，可由其權力集中或分散而表示。權力集中反應結構關係嚴密，權力分散則顯示其自由度較高；結構也可能較鬆散，但各部門卻較有自主性。就有關權力的集中性與分散性的意義與性質再作較詳細的分析與說明如下。

■一、權力集中性的含義

　　組織的權力集中性具有兩種重要的含義，內容如下所指。

㈠權力由高層決策與運作

　　權力集中的首要含義是指權力由上層一人或少數的人所牽控，亦即集中在少數的高層人士的手中或身上，也由掌控權力的人操弄與運作。低層的人處於接受的地位，少有自主的力量。

㈡由上層的人考評下層的工作成效

　　權力集中的組織，對於組織整體及組織中個人工作成效的評估，都由上層的權力人士加以主持進行。在下位者要接受評估，因此不得不重視或注意上層人士的主意與觀感。上層的權力人士經對下屬的評估，可以判定其工作成效，而給其獎懲。藉此評估過程，對下層人士乃可加以控制或影響其行為表現，甚至影響其態度與想法。

■二、權力分散的意義與性質

㈠分層負責

組織的權力結構若係趨於分散,其重要的表徵是分層負責,即每一層級都有特定的責任,為能克盡責任,也必須握有某種程度的指揮或實行的權力。其與權力全部集中在上層少數人手中的型態不同。若各層級權力分配恰當,經由分層負責,組織的功能也能運作良好。

㈡分散化與民主化相伴隨

組織中的權力分散至各分支單位或各下層單位,表示權力結構具有某種程度的民主化。越是民主化的組織,各分支單位或下層部門享有越多的行事權力,但相對也要負較多責任,才不致濫用權力,使組織失序。

㈢分散化的缺失

組織權力的分散固然具有民主化及自主化的好處,但也容易造成多種缺失,重要的缺失有下列幾項。

1.各分支或下層的權力太大,致使上層失去控制

權力分散到各分支或下層的結果,可能形成分支或下層的權力太大,致使上層或中央失去有效的控制能力及管理能力,終使整個組織失去整合性的功能與結構。

2.各分支或下層因為各自為政,彼此自作主張以致缺乏橫向的溝通與協調

權力分散的結果,各分支及各下層級也易於各自主張,自我膨漲,彼此不相讓步與協調,致使整個組織失衡與失能。

■三、影響權力集中與分散的因素

組織權力集中或分散受多種因素所影響,重要的影響因素有四項,即㈠規模、㈡技術、㈢環境、㈣選擇,就此四種重要因素的性質及影響扼要分析說明如下。

㈠規模因素及其影響

組織規模的意義與性質在前章已說明甚詳。規模的大小對於組織權力結構的集中或分散會有影響,一般規模越大,結構上需要分層與分門別類的必要性越大,權力結構要求分散的必要性也越大。但在分散的過程中,最上層或中央也常要求有某種程度的集中,否則多層級及多部門的分支單位之間整合性即成問題。唯在大規模的情形下,權力要集中,來自分支單位的阻力會不少,致使權力的集中會遭遇困難。

小規模組織的結構通常較為單純,分散的必要性較低,集中的過程則較容易進行與完全。

㈡技術因素的性質及其影響

技術因素會影響組織各部門或層級的連繫與運作過程,因而也會影響權力的分配與使用方式。較為複雜的技術在應用的過程中,必須尊重各部門的專業能力,因而權力有必要分散。就以醫療技術的運用為例,不同的技術都具有極高的專門性,綜合所有醫療所運用的技術也極複雜。醫院的領導者必須將使用技術的權力下放,由各專業醫生自作主張,自行運用,否則難收良好的效果。反之,如果組織使用的技術較為簡便容易,則上層或中央都較有能力統一指揮並集中運用。

然而近來卻也常看到大學等研究機關在學校運用大型昂貴與複雜的儀器與技術時,很強調集中,目的在使此種精密貴重的儀器技術充分發揮效用,減低使用成本,也為了能方便並安全保管。

㈢環境因素的性質及其影響

影響組織權力的環境因素,包括自然環境因素及社會、經濟、政治環境因素等。自然環境因素中的地理因素,包括空間範圍、地形、地勢,會影響權力者到現場指揮與管理的難易,因而也可能影響權力分配的集中或分散度。其中較難到現場指揮與管理者,將權力分散交出給支部自主管理的可能性也較大。

至於非自然性的社會、經濟、政治環境等的因素,也會成為影響權力集中或分散的重要因素。在民主的社會與政治環境下的組織,通

常權力結構會較容易傾向分散。反之，在較極權的社會及政治環境下的組織，其權力結構也可能傾向集中，因環境影響或感染使然。

㈣選擇

組織領袖的選擇，也是影響組織權力結構趨於集中或分散的關鍵因素之一。選擇集中者，必然很難成為權力分散式的結構。反之，選擇分散者，也難成為權力集中式的結構。

第七節　韋伯對組織結構與律制觀念與理論的貢獻

德國社會學家韋伯（Max Weber）對於社會組織的結構與律制觀念曾提出不少創見性的看法。將其重要的觀念提出並解說如下。

一、提出科層化（bureaucratization）與正式化（formalization）的概念

科層化是指社會組織的分級及分科的過程。在一個規模不小的組織，很可能會步向科層化，使其左右分工、上下分權，其中上層者對下層有管轄與指揮的權力。此種科層化的過程，使組織權責分配趨向合理化。

韋伯的另一有關組織結構的重要概念是組織的正式化。所謂組織正式化是指組織設定正式的規章供組織分子所遵行，以便維持組織的秩序，發揮組織的功能。一般規模越大的組織，包含分子越複雜的組織，越有必要使組織成為正式性，組織才不會失去秩序，並形成混亂的局面。

二、注意到權力與正式化及合化法的關係

韋伯注意到在大型正式的組織中，每個分子的權力都經合法性規定而授與。此種權力非因傳統世襲得來，也非靠個人魅力得來。組織

經合法的程序，正式規定每一職位權力的大小及行使的範圍，即使位在最高的領導者，其權力也都有限度，要展現權力，只能在規定的範圍內展現，否則若違反規定，乃會遭到抵制或制裁。

三、提出規則權力結構的合理性、不合理因素的運作與影響及對魅力的領導概念

韋伯對於權力結構提出合理性權力是最理想的一種型態，此種權力係經法定認可。組織規定此種權力係經慎重合理的考慮之後制定，行使此種合理的權力，可使組織展現效能與效率，對於組織整體及組織中的個人結果會最好。故具有此種合理權力的組織結構，是一種最理想的組織型態。

然而韋伯也提出組織中的權力有一種不可忽視的魅力型權力。此種權力是憑權力者個人外表或人格上的魅力而產生者，有魅力的人，對他人有影響力，自然也產生權力。

四、分別權力的三種類型，即㈠傳統型，㈡魅力型，㈢合法型或科層型

韋伯對於權力結構經過細密研究之後，提出一項可貴的心得，是將權力的類型分成三種，即㈠傳統型，㈡魅力型，㈢合法型或科層型。就此三種權力的重要性質扼要說明如下。

㈠傳統型

此種權力型態，由來已久，依照傳統，君王有權、家長有權、長老有權。這些權力多半都是世襲的，生來就注定的，極少經過努力而得來的。

㈡魅力型

此種權力是經由個人的外型及人格的特質所獲得或形成的權力。外表威武的人常具有使人畏懼的能力。但外表或人格上可親的人，則具有使人喜歡接近的魅力，這種魅力也可轉化為影響別人的權力。

㈢合法型或科層型的權力

此種權力的來源是經由規定後而成合法性。其權力性質與其在組織中合法的職位密切相連，在位時有權力，不在位時則合法的權力也隨之消失。

此種合法的權力多半是有科層性的，一來在上位者比在下位者有較多的權力，又在不同部門的位置者，權力的性質也不同。

第八節　組織的科層結構模式

■一、韋伯（Max Weber）的重要概念

韋伯是社會學者中對組織的結構非常有建樹的一人。他在組織結構方面的最大建樹是提出科層組織（bureaucracy）。此種概念將社會組織推至近乎理論層次的探討。此一概念或理論模型，可解開成三大部分，一為權威的三種基礎論，二為科層組織，三為理性。將此三部分的結構理念要點，述說如下。

■二、三種權威的基礎

依據韋伯的理想，組織的結構建立在權威的基礎上。組織中的上層領導者或監督者對下屬有下令、督導、管理的權力。下屬對上級則有遵從、聽命的責任。根據韋伯的理念，權威可建立在三種不同的基礎上。即傳統權威（traditional authority）、感召或魅力權威（charismatic authority）及法理權威（legal-rational authority）。此三種權威基礎的重要性質已扼要說明於前，在此不再重複。

■三、科層組織

韋伯的第二項組織結構概念是科層組織（bureaucracy）的概念。所謂科層組織是指社會組織朝向左右分科別類、上下分層的一種結構型式。此種結構型式最能使組織合理化，並產生最佳的功能，故也是

一種最理想的型態。依據韋伯科層組織的概念,具有下列五種重要特性。

㈠樹立規劃制度的權威性

科層制度上下左右的結構關係都以規則設定,並形成制度。在結構中的不同職位都賦有不同的權威。權威係依職位而給予,而非因人的因素而給予。組織在法理規定下的權威運作,避免受人為因素所干擾,將公私分明,使組織合乎法理化而非人為化。

㈡權威層級的設立

組織中權威的結構注重上下之分,在上位者對在下位者有領導、監督、評估、管理的各種權威,在下位者則要遵行上層的權威,若對上層權威認為不當,則應按法定的管道向上申訴。在不同層級間的權威有不同設計的同時,同等級不同部門之間權威的性質也不同。

㈢用人唯才的原則

科層結構用人任事係經由制度普遍性的原則,經由此種原則考選最適當人才,而不是私下用人。在考選人才時以其專有的才能適合其專職為考量標準,而非考慮其私人關係作為任用的依據,故所用之才都能專精。

㈣專職關係的建立

科層組織的各項職位都具有專業的特性,以最適當的專才來擔任。各項專職都有合理的報酬,報酬標準以其貢獻大小及編列職位的高低為主要考量。

㈤文件檔案制度化

組織的維持靠文件檔案為奠定的基礎,起自組織的成立、人事安排、公事原則、及行事過程都要有明白的文件記載,作為記錄與依據。

▌四、理性

韋伯在論組織的性質時,也很強調理性,認為組織的性質要能合

理化，亦依理性，而非依個人偏好而決定。組織的理性存在於組織的規則中，即將各種理性或合理的考慮都書寫在規則中，以免打混，或被不合理的偏私所取代或蒙騙。

第九節　韋伯以外重要的結構學派論者及其論點

韋伯可說是組織的結構學派之始祖，但在結構的概念上有重要看法與建樹者不僅韋伯一人，另外還有其他的人，重要者有 Barnard Simon、March、Selznick、Tylor 及 Fayol 等人，將其重要論點或概念扼要介紹如下。

一、Barnard 的合作均衡組織結構論

Barnard 重視組織的合作性結構性質，提出合作均衡組織結構的論說，理論要點包含下列三項。

㈠組織的本質為合作性的系統，亦即合作是形成與建立組織的基本要素。

㈡組織的決策者的主要功能在於維持組織處於均衡狀態。

㈢組織的機制在使個人在組織中能樂於與人合作與奉獻。

二、Simon 及 March 的有限理性論點

Simon 及 March 認為人受組織結構的限制而無法完全作出理性的決定，其決策理性是受限制的。Simon 及 March 認為人在組織結構中無法理性，係受組織的分工、層級體制、溝通途徑、職前職後訓練、組織的目標、組織的需求及資料等的影響或左右，因而無法作出對自己合理的決定或行為。

三、Selznick 的制度學派觀點

Selznick 對於組織結構的重要看法，是很注重對結構現象背後的

含義與動力的瞭解。他認為要瞭解組織及其行為，不能僅從組織的正式結構、目標或其新出的成品或服務等表現來瞭解或認識，而必須探討非正式團體的形成過程、團體之間的衝突、人事決策、社區價值、法律機構、社區權力結構等背後環境或制度因素來瞭解，才會完全。

▍四、Tylor 及 Fayol 的技術系統觀點

Tylor 及 Fayol 對組織結構的看法，則重視對結構中的技術系統及社會技術系統的影響。技術系統指工作活動的內容與流程等的技術，而社會技術系統則包括角色概念、非正式結構、小團體、工作滿意、團體動力、領導型態、工作設計、主僱關係等。這些技術或社會技術系統不僅會影響組織的結構，也影響組織的成效。

▍五、封閉結構體系與開放結構觀點的轉變

約至 1960 年代，社會學者對於組織結構的觀點或看法，由過去重視封閉結構體系轉為重視開放結構體系。前者是將組織結構界定在一定範圍內，後者則將組織與外在環境的關係視為模糊不清，不能分割。組織與環境的不可分性主要建立在兩個重要關係上，㈠是資源依存在環境中，㈡組織可能被環境所淘汰。

第十節　良好組織結構的條件

結構既然是組織的一個重要元素，要使組織良好，則必然要使組織能有良好的結構，因此良好組織結構應該成為組織研究分析的一項重要議題，究竟良好組織結構的條件為何，則可從下列觀點加以探討。

▍一、成員有良好的參與感與歸屬感

以組織成員的立場與觀點看，其加入組織以能參與為樂事，也以能歸屬為終極目標，故一個良好的組織在結構上，首先要能滿足成員的參與感與歸屬感。成員的參與感與歸屬感會受組織結構所影響，組織有良好的結構，才能使其成員有良好的參與及收穫，也才能獲得良

好的參與感與歸屬感。至於何種結構才能收到此項效果，則必須使成員能容易參與，且參與其中能覺得愉快。

■二、能快速執行並有效行使權力

組織的結構與決策的行使及權力的運用有關，良好的結構必須使組織的決策能快速並順利行使，執行決策時也要能有效運用權力，組織才能充分地發揮效能。

■三、可持續吸收成員並使組織發展

良好的組織應能永續長存並發展，為能永續發展則組織首要不斷補充新成員。組織的成員能否源源而來，不斷加入，則與組織的結構性質顯然有關。結構老化，組織中老人占據重要權力位置的結構，對於組織的更新與成員的傷害極大，故有必要調整結構，使新成員加入組織的管道能暢通，並使新人有意願並樂於加入，能如此，則組織的生存與發展才有希望。

■四、組織中包含許多可獨立行使職權的小組織

組織若有許多可獨立行使職權的小組織，表示組織結構有較高度的民主化，也有較高度的彈性及活力，對於促進組織的成長與發展甚為重要。故一個良好的組織結構，不可毫無獨立性高的小組織單位，否則組織會失之僵硬，缺乏生氣與活力。唯當容許許多自主性高的小組織存在的同時，也極必要避免這些小組織占地自肥，形成阻礙大組織整合的不利因素，否則便得不償失。

第六章
組織的文化與倫理價值

第一節　組織文化的定義與重要性

■一、定義

　　組織文化是指組織中的價值（value）、精神（spirit）、信仰（belief）、思考方式（ways of thinking）、禮儀（rites or ceremories）、故事（stories）、符號或象徵（symbols）、語言（language）等概念，代表組織的精神、感受及表徵等。

　　各種組織發展到某種程度，如存在某段時間，具有某種規模，擁有某些成員與業務量之後，就有其特有的價值、精神、信仰、思考方式、禮儀、象徵、語言，及表徵等，亦即是文化特質。

■二、組織文化的重要性

　　組織文化是組織特性的表現。各方面的組織文化元素，代表組織不同方面的特性。這些文化性質不僅會影響組織分子的思想、心態及行為表現，也會影響組織的成效與功過。就上列各種組織文化的元素對組織的重要影響，扼要敘述如下。

㈠組織價值的影響

　　組織的價值引導組織分子的信仰、認知、瞭解與思考模式、及對組織的感受。組織的傳統價值有助於組織分子對組織的認同與愛護，因而有助於組織的穩定。但組織的新價值則會影響組織分子對組織的異議、懷疑與改革，也會影響組織的動搖與變遷。

㈡信仰的影響

　　信仰的文化因素可引導組織分子的行為表現與活動取向，因而也會影響組織的行動目標與成果。組織的堅定信仰必會轉化成組織的重要目標，組織會企圖以行動去達成目標。幾乎所有的企業組織都以賺錢的信念至上，故影響組織的目標都向錢看。服務性的組織則信仰助人為快樂之本的概念與價值，故也影響組織及其分子以服務他人為努

力的目標。

(三)思考方式的影響

組織中的成員可能發展出共同性或一致性的思考方式，亦即是表現相同的想法。這些共同的思考方式或想法，有助於改進大家的共識，共同為同一目標而努力。各團體或組織分子依其共同的想法而能團結一致，使組織獲得整合。

(四)儀式或禮儀的影響

組織中的儀式或禮儀可表示組織的信仰與活動方式，藉此信仰與活動，對某種特定社會角色給予特別的重視，助其獲得、創造與增強組織認同與在組織中的地位，也可增強組織成員對組織的承諾與使命，發揮對組織的功能與成效。

組織中的儀式與禮儀很多，包括由開會宣示組織的改革目標、佈達人事、贈獎給有功人員、懲罪失職或犯錯者、及辦理紀念活動等。這些不同的儀式或禮儀，對組織都具有不同的意義與功用。

(五)故事的影響

故事是指組織分子對組織真實事件的追憶或虛構情節的體會。故事所涉及的人物或事務都可成為組織的榜樣、價值、規範、戒律或借鑑。

(六)符號或象徵的影響

組織的符號或象徵係代表組織的某一事務或特性，也常代表組織深層的價值，對組織分子的想法與做法會有很大的影響，也影響外人對組織的印象與觀感，從而影響其對待組織或與組織互動的態度與方式。

(七)語言的影響

組織的語言包含許多種，如說話、文字、標語、隱喻等。這些語言對組織成員具有鼓勵、讚賞、訓斥、教育、及處罰等多種意義，因而也具有不同的影響或作用。許多與組織分子間的訊息傳達工具都靠

語言。

第二節　組織文化的根基或來源

組織文化的根源大致上樹立在四個重要的基礎上。就此四種重要根源的重要性質說明如下。

一、來自組織的歷史根源

每個社會組織都有其歷史，組織的文化性質都與其歷史根源有關。組織經由歷史基礎而傳遞組織的價值、信仰、思想、習慣、禮節、規範、與制度等，且由歷史根源傳遞下來的文化特質，可歷久不變，乃成為當前組織的重要文化基礎。

二、移植其他組織的文化

組織文化的第二種來源是可將其他組織的文化移植過來。移植過程可能可以免費，但也有可能要付費。要移植其他組織的文化，也必須先確定其他組織的文化能適合本組織，移植後才能生存並成長。

三、經培育與創造而得新文化

組織的文化也可由培育與創造得來。組織在培育與創造新文化時，可能以組織外的優良文化作為目標，或以假設性的優良文化作為目標，而加以培育與創造。組織為培育與創造優良的文化目標，可能需要有專人的努力與參與，亦即在組織中設定培育與創造新文化的專職人員。古代皇宮中，常設有專職的藝術家或音樂家，由其專心創造與培育精美藝術與音樂。大企業機構也設有專為公司繪製產品商標圖案的藝術家，也算是為組織培育與創造新文化。組織中的經理人常要為組織設定新規則，創造新制度，也是在為組織培育與創造新文化。

四、修改組織的舊有文化，使其成為組織的新文化

組織新文化的由來，也常是經由修改舊文化而得者。例如經由修

改舊建物，加以更新修飾而成新建物與新設施。組織在建立新物質文化的過程，也有如此種將舊建物加以更新的過程者。

社會組織的新制度、新規則、新秩序、新信仰等新的文化內容，常是將現有文化加以修飾、或更改，使其更能適合變遷的環境，或更符合組織的成員或外界的新希求或新期望。

組織在修改舊文化時，可改多，也可改少，可使其與舊文化相差微小，也可使其與舊文化徹底不同。至於修改多少，視組織的需要、組織領袖的意向、以及組織外在環境中的相關部門或相關人員的要求與影響而定。

■五、整合多種文化成為其特定的組織文化

一個組織的文化體系可經由整合多種文化體系而成組織的某特定文化。所整合的多種文化，可能是匯集同類組織的多種不同文化特質，也可能包括多種不同種類組織的文化特質而成為整體性文化。就以一個五顆星的國際性觀光飯店為例說明，在餐飲中供應的餐飲種類，可能整合出一種包括各國餐飲的自助餐，如中菜、法國菜、日本菜、義大利菜，乃至印度咖哩餐等。

常見由多國移民組成的公司，也很可能發展成一種融合多國文化的整合性多元文化（multi-culturism）體。又如在美國及加拿大的大學中，外國學生來源多元，故校園中也常整合成一種講說多國語言，以及烹飪多國菜餚的整合性教育團體或組織。

第三節　配合策略與環境的組織文化特性

各種組織的文化各有其特性，但也普遍都有其共同的性質，其中有一種重要共同特性是，配合策略與環境的程度都很高。但在各種組織文化中，依其配合策略與適應環境程度的不同，而可區分成四種不同的文化類型。

▌一、有適應力的文化（the adaptality culture）

此種組織文化的重要特性是重視適應外在環境。組織以此有適應能力且具有彈性的文化而能符合客戶的需求。多種從事服務業的企業組織或團體，都必須具有高度的適應力的文化，才能符合客戶的需求，經營服務業生意才能順利興隆。

▌二、有使命的文化（the mission culture）

此種組織文化含有達成組織目的的任務，也提供給組織分子努力的目標。軍隊組織的文化都很強調打仗殺敵的任務，也鼓勵組織中的軍人能勇敢殺敵為文化目標。

一個參與運動競賽的團隊或組織，則以能獲勝奪標為任務或目標。團隊中的個別運動員也都以奪取錦標為其個人努力的使命。

▌三、參與性的文化（the involvement culture）

此種組織文化是使組織分子有高度的責任心與主體感為目標。組織分子對組織有責任心與主體感，對組織的事務與活動便會高度參與，對於組織也會具有高度的承諾。此種組織文化中的成員或組織分子都能努力協助組織應對外界快速的變遷。

▌四、一致性的文化（the consistency culture）

此種組織文化以強調維持組織的穩定為其特性。一致性的組織文化特性常表現在依照傳統的行徑及既定的政策行事。組織不喜歡變化或不穩定性。

在許多傳統老舊的社區，文化特性都很一致性，生活習慣都很傳統守舊，行事步調也都很一致。許多風俗與禮儀都歷久不改，長期一致。

第四節　組織對文化要素的管理

　　文化是形成社會組織的一項重要元素，也是一種影響組織興衰存亡的重要因素，組織對於此項元素或因素故然不能輕易加以操弄與控制，但也不能使之完全放任而毫不加以管理，否則，可能會被文化所推倒或摧毀。至於組織對於組織文化的管理要點，則有下列多種途徑可循。

一、用符號管理（symbolic management）

　　此種管理方法是指使用訊號（signals）或符號（symbols）來影響文化，包括影響倫理價值、風俗、規範、信仰、藝術、音樂、知識、觀念、事務與行動等。如將包括各種文化意義的訊號、符號、標語等以口傳、印發單張、或以布告方式加以宣示。目的在強調這些風俗、道德、信仰、藝術、音樂、知識、觀念、事務及行為等文化的價值，進而使組織分子能善於遵守與實行。

二、文化性的領導風格（cultural leadership styles）

　　此種管理方法是要領導者能善於創造、孕育、改變與整合組織的文化，使組織文化能經由領導者的有效領導而獲得改善與增進，並由領導者善於運用組織的文化特點來有效管理組織。

三、由形成組織的結構與體系來管理（form structure and system）

　　組織的領導者經由形成及運用組織結構與體系中的職位來指定其責任，使其瞭解責任的倫理價值，也分派其責任來維護組織的其他文化要素。

四、建立組織的共同文化

　　此種管理方法是指由組織結社的分子廣泛溝通價值觀念、信仰與

使命等而建立共同文化，並使其對生活與工作相接軌並融合在一起。例如，幾乎每個學校都設有校訓，成為師生共同遵行的生活守則。企業組織發展共同價值，使其成為員工共同實踐的目標。

五、創造並根植組織的優質文化

　　組織的文化發展貴在能根植優質文化。組織能有優質的文化基礎，組織分子才能有優質的工作及生活行為表現。重要的優質組織文化，如民主、理性、團結、合作、服務、奉獻、努力工作、創新、進步、講求效率及重視成就等。

六、不同組織可各自強調發揚其重點文化

　　每個組織都有其重點文化，不同的組織可以也應該發揚其重點文化，使其從各種社會組織中能有突出的良好表現，發揮競爭優勢，達成優越的成就。

七、使組織的優良文化能成為組織的規範、標準、秩序與目標，以增進組織的成效

　　組織的文化中，優質的部分應使其能成為組織的規範、標準、秩序與目標，才能進而落實並發生效用，增進組織的成效。如此管理組織的文化，才能切實收到良好效果。

第五節　組織的倫理價值及組織文化的整合

一、組織倫理價值的意義與性質

㈠意義

　　所謂組織的倫理價值（organizational ethics and value）可分為組織的倫理與組織的價值兩部分的意義，組織的倫理是指組織所崇尚的倫常與道理，而組織的價值則是指組織認為有價值之事與物，故也常是

組織所認可與追求的目標。

在組織的文化中都常包含組織的倫理價值在內，但此種組織文化都是較正面的、較有價值的，與組織文化中較負面或較中性者不同。

(二)性質

組織的倫理具有多種性質，將較重要的一般性質分述如下。

1.組織的倫理價值常與大社會的倫理價值相一致

組織的倫理價值常以大社會的倫理價值系統為指標，故常與其相一致。但社會中也有些叛逆或背道的組織，其重要的倫理價值與大社會的倫理價值並不相同。例如大社會的倫理價值大致講究道義誠實，但社會中卻有詐騙集團，完全背叛道義與誠實。

2.組織的倫理價值與組織中個別分子的倫理價值可能相同或不同

組織的倫理價值大致是匯集組織中眾多個別分子的共同性倫理價值而成，或說組織的個體大致也分享組織的倫理價值而成為自己的倫理價值。唯組織中卻也有少數個別分子，不認同與接納組織的倫理價值，而另外設定其有違反組織倫理價值的標準。例如組織中常會出現或潛藏害群之馬。

3.組織中領導者的倫理價值有相對較高的影響力

組織中，領導者的倫理價值常會影響其他組織分子接受與認同，終有可能成為組織的倫理價值。其他的組織分子若有特殊的倫理價值，也會有影響力，但很難成為組織整體的倫理價值。

4.組織的倫理價值普遍深入組織分子的內心

組織的倫理價值普遍為組織分子所接受，也普遍深入組織分子的內心，成為其心中的信念與態度，影響其心理態度及行為表現。

■二、組織的倫理價值與組織文化的整合

組織的倫理價值可被視為組織文化的一部分。兩者應相互整合，對組織才能發揮並展現良好的影響與效能。兩者的整合之道有如下兩要點需加注意。

㈠使組織的倫理價值能表現在組織的各項事務與行為上

組織的倫理價值是組織很深層的文化部分，為使其與組織文化相整合，必須使組織在各種事務與行為的較表象文化上，都能含有倫理價值的成分，使組織的倫理價值呈現在組織的各種事務及行為上。

㈡組織文化的培育與發展須以組織的倫理價值為重心

組織需要培育文化物質，使其成為組織的代表或象徵，並引導與影響組織分子的行為。在培育與發展組織文化時，需要以組織的倫理價值為重心，使培育與發展出的組織文化都能沾上組織倫理價值的氣息。

第六節　優質的組織文化與價值

若將組織的文化與價值視為一物，則在考量何種為組織的優質文化與價值時，下列諸項可能都是。

▌一、成長與發展

多半的組織都希望繼續成長與發展，故也將成長與發展視為重要的文化與價值。為能使組織持續成長與發展，則組織可能要重視擴大規模、增加資本、廣召成員、促進成長、與擴大業績或效益為能事。但若無限制的成長與發展，而不加節制，則也可能會使其優質性變為劣質性。

▌二、成員認同與愛護組織

組織文化與價值中一項很重要也很優質者，是組織的成員能認同與愛護組織，組織的成員能認同組織必會愛護組織。能獲得成員認同與愛護的組織，通常也會有良好的成效表現。這種組織一般不易受到成員的傷害，唯一旦受到外界的傷害時，也能獲得成員的抵抗與保護。

■三、努力工作

組織成員能努力工作是組織不可多得的一項重要優質文化與價值。成員能努力工作，組織的業績與成效必佳。成員的報酬一般也會較好，因此對組織的滿意度也會較高。

■四、民主的領導風格

組織文化與領導風格至為密切，領導風格是組織文化的一要項，也會影響組織許多方面的行為。成員的向心力、成員之間的互動關係，以及成員的工作意願等都與組織的領導風格有關。民主的領導風格是最佳的領導，也是一種重要優質性的組織文化與價值。

■五、團結合作與和諧關係

組織文化中少不了要涵蓋組織成員間的互動關係一項。互動關係以能團結合作及和諧為至高境界。組織能有團結合作與和諧的互動關係，其氣氛必佳，文化也必良好。故組織能團結合作與和諧的關係，可說是一項重要的優質文化與價值。

■六、明辨是非

組織文化中最污濁惡劣的情形莫非以是非不明為最，是非不明的習慣與作風常會將組織搞得天昏地暗、邪正不分。反之，組織能明辨是非，使賞罰分明，組織的秩序必能良好，成員對於組織也必能心悅誠服，為組織盡忠效勞。

■七、理性的組織結構與管理

韋伯提出科層制的組織概念時，就很強調組織理性的重要。組織的理性主要是落實在組織結構與管理上。組織的結構與管理若能合乎理性，成員必能對組織信服，組織的效能也必佳。故應為組織的一項優良特性，也是一項優質的組織文化與價值。

▌八、注重效能

　　組織的最終目標是在展現效能，故組織能夠注重效能是一種優質的文化與價值。組織的成敗與好壞，也常以效能為衡量指標，能發揮良好效能者可稱為優良的組織，而組織能注重效能必也是其一種優質的文化與價值。

第七章

組織行為

第一節　組織中個人的心理與行為要素

個人是構成組織的分子，任何一個組織都包含多數的個人，論組織的行為，不能忽略組織中個人的行為，捨組織中個人的行為不談，則所談的組織行為是空心的，失去了內涵與基礎。組織中個人的行為有其獨立性與特殊性，也有其具有組織特質的共同性。本節所論組織行為，乃以個人行為為起步，要瞭解組織中個人的行為，則要先從個人獨立性行為的基本成分與層面說起，重要者約有七方面。

一、認知

認知是指個人對於事務的認識與知覺，是屬心理層次的意義。組織中的個人對於各種事務的認知，係經由在組織生活中的體會、經驗與感受得來，組織生活給人對於事務瞭解、認識，並感受其性質的基礎，使其能進一步認識其感受事務的性質及意義。認知表現於外，即是顯露行為的性質與內容。

二、需求

需求也為組織中個人的心理性質，是使其表現行為的基本要素之一。組織中個人的需求，有一部分是先天具來的，另也有一部分是經過組織生活中培養與發展出來的。不少個人的心理需求終將表現在行為上，對於有需求的物質或非物質種類，都會設法去獲取，包括用錢去購買，或用其他方法去取得。

三、態度

態度是存在心中的一種想法與看法，包括對某些事務的喜惡，或是否贊同。態度的形成，來源複雜，包括參考他人的態度及行為表現與反應、過去組織或社會的習性、自己的經驗，以及衡量事務與自己的關係、或對自己的影響等。

心中的態度是決定相關行為的重要根源。心中的態度決定行為的

表現，行為表現也受態度所指引。故要影響組織中個人的行為，常要從影響其態度做起。

四、價值

價值是指人認為有意義、有好處的心理狀態與概念。個人在心中認為有價值的事務，就會以行動去追求、去達成，或去表現。價值的形成包括多種來源，如個人由經驗中體會後篩選而獲得、參考前人遺留的資產，也可能因社會中多數人都認為有價值，個人很自然並有信心地接受或認定。組織中的個人，有些價值觀會與組織的重要價值觀相一致，但也可能會有其特有的價值觀，並不與組織所強調的價值相一致。不一致的部分可能需要調整，才不會與組織起衝突或矛盾。

五、動機

動機是影響成就行為的心理特質。動機引導行為的方向，也加強行為的力量，並維持行為的持續性。一個完整的動機過程，經由(1)產生需求；(2)尋求滿足需求；(3)形成目標引導行為；(4)達成目標；(5)獲得報償或遭受懲罰；(6)再研究需求的不足。要瞭解組織行為也有必要先瞭解個人的動機，及其實現動機的行為內容與過程。

六、人格

一個人的人格包括其心理特質、做人做事的態度，及行為表現的總稱。人格的性質可從多種角度來界定，從對於人生的目的而區分成為服務他人或為享樂自己的不同人格；依對事務變化的基本看法而區分，則可分為樂觀或悲觀的人格；依照與他人相處的難易，而區分成溫和與極端的人格；依其對個人前途的表現，而區分為積極進取與消極懶散的人格等。

個人的人格也受多種因素影響所形成，包括個人體質的影響、周圍親朋好友的感染、從生活經驗中的觀察與體會、工作性質的影響，以及接受教育的效果等。

個人的人格是決定其心理態度及行為表現的一項重要因素，人格

溫和的人與他人相處融洽愉快,人格刁鑽的人,與別人相處很不和諧,容易與人爭吵與衝突。有寬容大量心胸的人格者,也較能表現捨己為人,然而心胸狹窄的人格類型者,行為上也常表現自私自利、斤斤計較。總之,不同人的人格是複雜的,在組織中的行為表現也會很不相同。

■七、學習

學習是一種重要的個人心理與行為養成而成,學習本來就是一種行為表現。表現在閱讀書籍、吸收知識、聽人演說講課、吸納各種道理,以及經由虛心反省思考去體會與領受各種知識與道理。學習的行為會影響前面所說的各種心理及行為要素,如會影響或改變認知、需求、態度、價值、動機與人格等,經由改變這些心理要素,再表現在行為上。學習可說是後天影響與決定行為的一種重要過程。

■八、小結

上面所舉各種個人的心理與行為要素,可能都是形成組織行為的基礎,因為組織係由個別分子所組成,故個別分子的心理與行為要素,必將成為組織行為的要素。唯有部分個人的心理與行為,在組織中也會有減少或損失的可能,但有些個人的心理與行為要素在組織中反而更為茁壯,甚至影響或控制整個組織行為的大局。

第二節 組織與團體行為的重要內涵與性質及其與個人行為的關係

■一、重要內涵與性質

組織行為的內涵與個人行為的內涵大致相同,個人可能表現與行使的行為,組織或團體也大致都能表現與行使。前章述及個人的行為成分與層面,包括認知、需求、態度、價值、動機、人格與學習等,

這些成分與層面也大致都是組織或團體行為的重要內涵與範圍。組織與團體是集合眾多個人所形成的實體,組織或團體中多數個人的認知極可能成為組織或團體的認知,多數個人的需求也很可能成為組織或團體的需求;同樣的道理,組織或團體中多數人的共同態度、價值、動機、人格與學習,也可能成為組織或團體的態度、價值、動機、人格與學習。總之,組織或團體中多數個人的共同行為表現,亦有可能成為組織或團體的行為表現。

　　由於組織或團體中可能有一部分的行為與多數人的共同行為不一致,影響整個組織的行為與組織或團體內某些個人的共同行為之間會有一些差別。

▍二、組織行為與組織內個人的行為相互關係與影響性

　　組織行為與組織內個人行為的關係有一致性與不一致性之別,一般一致性較多,不一致性較少。當兩者性質一致時,兩者的行為表現必也相互吻合。否則兩者之間會互不相同,而有差別。

　　組織行為與個人行為之間更重要的相互關係,是彼此具有相互影響性。而重要的相互影響行為可分別從一方影響他方加以說明。

㈠個人行為對組織行為的影響

　　組織中個人行為對於組織行為具有多種影響,包括可影響團體的動機、團體內的互動、團體行為型態、團體的目標等。但影響力最大者則有兩要項,其一是領導行為,其二是管理行為。就此兩種重要行為的影響力再作解釋說明如下。

1.領導行為的影響

　　組織中的領導者是相對的少數,但其對組織握有設定目標、制定規則、推動業務、管理組織分子的大權與重要角色。其所設定的組織目標,成為組織分子共同追求與努力的目標與方向,其制定的規則也為組織分子必須共同遵循。領袖在推動業務時講究分工合作,使整個組織或團體形成一體,共同為完成任務而努力。領導者在設定目標與推動業務以達到目標的過程中,必須對組織施展管理者的角色與功

能，使組織行為不歪曲、走樣。

2. 管理行為的影響

　　領導者在組織中施展領導行為與其管理行為大致同義，唯領導行為強調樹立榜樣，供屬從或部下遵循與追隨。管理則著重在控制與導正屬從或部下的行為，使其按規定行事，不使歪曲與走樣。一般組織中的領導者都負有重大的管理權責，組織的管理工作也都由領導者所擔任並行使。

㈡組織行為對個人行為的影響

　　反過來看，組織行為對個人行為的影響，最明顯可從兩大方面著眼。第一是組織的結構行為影響個人行為要能中規中矩，表現依其角色行事。第二，組織行為強調團隊精神與行為，對個人行為會產生約束與限制。將此兩種影響再分別說明如下。

1. 組織結構行為影響個人角色行為的表現

　　組織是一個結構體，在組織中個人都處於一定的位置，也有其一定的地位與角色，影響個人的行為都要按照其地位與角色而表現與行使。組織中位於高階者，其所要行使或表現的行為都是領導性或管理性的行為，而位於低階者，其所要表現的行為則是聽命與遵從。

2. 組織的團隊精神與行為對個人行為產生約束與限制的影響

　　組織為了達成目標並獲得成效，都很強調團隊行為，要求組織分子按照規定的角色與地位，朝目標行使行為，克盡功能。個人的行為不無受到約束與限制，因而感受到壓力。其中較為嚴重者，會使個人對組織或團體產生疏離感，甚至會對組織失去興趣。

第三節　組織中權力的運作及其對組織行為的影響

■一、權力的意義、重要性、來源與型態

㈠意義與重要性

組織中的權力是指給予組織分子行使角色行為、發揮任務的力量，此種權力對於組織中的角色及組織整體而言，都甚重要。缺乏權力，個人沒有具體的力量可以行使角色行為、完成任務，則整個組織也無法達成目標、或完成使命。政府要能發揮為民眾服務的功能，人民必須遵守公權力。

㈡來源

組織中個人權力的來源，有來自先天、世襲或繼承者，也有得自後天努力的結果者。在現代社會中，組織的權力來源多半是依據組織規章所設定者。

㈢型態

至於權力的型態可從多重角度加以分類。韋伯就人類社會中權力的來源分成傳統型、魅力型、及法理型等三類。政治學上常將領袖的權力分成獨裁專制的權力型及民主合法的權力型兩大類。在現代政府組織中的權力則可分為行政權、立法權、監察權等不同類型。其中行政權又可細分成多種類別，包括內政權、外交權、經濟權、財政權、交通權等。在一般社會組織中，若依其組織結構來看權力類型，則各種權力都依附在組織角色上，其中從上至下，有高階的領導與管理權、中階的主管權，以及下層的操作權等。

又按組織中權力使出的型態而分，也有多種，重要者有力量（force）、支配能力（dominance）、吸引力（attraction）及權威（authority）等。此四種權力型態的含義不同，但都具有影響他人的能力。

1.力量

力量是指可使人感到有壓力而不得不就範。力量的輕重從暴力到心理上感到難為情都是，其間又可細分成賠償、剝削、懲罰、及說明等不同次類型。具有此種壓力關係的兩人之間，一方對他方有壓迫的力量，因為壓力可使對方不得不接受或就範，故常是不穩定的，很容易被推翻。

2.支配

支配是指組織中某些分子對其他分子可加以控制，組織藉此支配或控制的力量而達成效果。支配與控制的目標包括財物、消息、與決策等。握有支配力量的人，會用以支配或威脅他人而達到目的。

3.吸引力

吸引力是建立在吸引者對被吸引者願意付出。被吸引者是自願上鈎的。重要的吸引力資源有三種，分別是知覺上的認同、喜愛的心理及懼怕其威武等。此種權力關係普遍存在於組織中，被吸引的人常不能很確定具有權力。此種權力也是不可靠，且是多變的。

4.權威

權威型的權力是指一種組織中合法的權力。權威的來源是規定的、合法的，只能在規定或合法的範圍內行使。對權威的法定過程常是很正式的，如在交接典禮中認定某種角色的取得或取消。合法權威的由來則可得自傳統繼承、經組織分子一致同意，以及以合理的知識或技術條件取得。此種權力比前面所指的支配及吸引力都較穩定。

上列四種權力，除在穩定性方面有差別外，對組織的意義與功用也都略有差別。其中力量與支配是較功能性的，吸引力及權威則是較規範性的，因前兩者係立基於可改變組織的社會活動上，而後兩者則是立基於可被規範觀念所接受的。

由上述四種權力在組織間運作時，可看出力量及吸引力兩者都較自主性，而支配與權威則較依賴性。亦即前兩者較不因他人的存在而產生，而後兩者的產生則非涉及他人不可。

　　還有社會學者將權力來源的概念分成兩種不同的類型，一種是互賴意義（interdependency），另一種是信任意義（trust）。前者看在某人依賴他人，以致形成他人對某人具有權力的道理。後者則注重某人信任他人，以致他人對某人產生權力的意義。其實，信任權力也是互相依賴的。

■二、組織中權力的結構及其對組織行為的影響

　　組織的權力結構可能極為龐大複雜，但較重要者可分三方面加以說明。其一是成員間有一種相互影響的權力結構，其二是垂直的權力結構，其三是水平的權力結構，就此三方面的權力結構性質及其對組織行為的影響扼要說明如下。

㈠組織成員相互影響的權力結構

　　組織中的成員不是孤立存在的，而是相互關聯與影響的，因此，彼此間都有權力關係存在。雖然不同組織分子與角色的權力不同，但最有權力者，其權力也有極限；最無權力者，其權力也不至等於零。一般組織成員的權力結構是形成層級架構（hierarchy）的型態存在，即包含兩大方面的結構性質，一為垂直權力（vertical power）結構，二為水平權力（horizontal power）結構，就此兩大方面的結構性質及其對組織行為的影響，作進一步的說明。

㈡垂直權力結構及其影響

1. 結構性質

　　組織中按其地位與角色而可分為多種層級。不同層級的地位與角色不同，權力結構也不同。位於上層者，權力都較大，反之，位於下層者，權力則都較小。權力的結構形成三角形或金字塔形（pyramid），上層的權力可分配及管轄到較廣大的範圍，主要的權力展現在決定政策、設立目標、創造或提供質訊、設定及分派不同部屬角色的任務。

2. 對組織行為的影響

　　在垂直權力結構下，主要的權力性質是上層決定與分派權力給下層，因此上層對下層的行為也會加以支配、督導、監視與評估。上層

的一言一行都會影響下層的行為。然而在下層者的權力，通常都較少，但有限的權力對上層的行為也都有影響力。位於低層者有可能經由不滿意的抱怨行為表現，來反應低階層的心聲等，而對上層的決策與行動產生影響。

(三)水平的權力結構及其影響

組織中第二種權力結構的型態是水平的權力結構。水平的權力關係與結構是指存在於同等級的不同個人及不同部門之間。同水平的不同部門或職位之間的權力程度不一定相等，有些職位或部門的權力較大，有些則較小。一般在企業組織中，銷售部門的權力最大，次之者為生產部門，再次是財務部門及研究部門。

水平的權力結構主要的影響在於不同職位或水平間的配合性行為。通常權力較小的部門，都需要配合權力較大的部門行動。然而同一水平上不同職位與部門間的權力大小差別不大，影響彼此配合的方向並非固定不變，而是需要較有彈性與變化，有時需要由甲配合乙，但有時則要由乙配合甲。

■三、權力在組織行為管理上的應用

在組織中存有權力的必要，需要將權力運用於管理上的主要目的有四：(一)使內部有秩序；(二)使內部能連結；(三)對外可獲取所需的資源；(四)對外達成目的。前兩種目的的達成，需要經由組織分子間運作權力，後兩種目的則要經由組織與外在自然及社會環境的互動運作而達成。

組織在管理過程中，需要運用權力的重要時機有三種重要情況：(一)在化除衝突與危機之時；(二)在要求效率之時；(三)在維持生存與發展之時。組織中常存有衝突與危機，乃極需要加以化除。要化除衝突與危機則需要有權力作為後盾，才能使出力量。組織也常以提升效率為重要行動目標，要提升效率則要靠每個分子能盡責任、守規矩，並發揮功能，要能達成此種境界，組織需要有權力為之督導及以監督組織分子的權力為後盾。此外，組織都以能求生存與發展為長期努力的目

標，要達此目標，不僅要顧及組織內部的關係，也要顧及組織對外的關係。要維持組織內部良好的關係及建立對外的良好關係，都要有足夠的權力可供使用，才能有效。

第四節　組織團結力的運作行為

■一、團結力的組織行為意義

　　團結力是指組織的成員樂意停留在組織中，並願意為組織整體或他人盡心盡力奉獻的行為表現。團結力越高的組織，其團體成員或分子越能為其他分子設想，越願意為組織或團體貢獻心力，因此也越能使組織或團體更具有潛力與活力，組織分子對組織更具意義與重要性。組織的團結力高，也表示組織分子深為組織所吸引，通常表示組織分子對組織感到滿意。

■二、團結行為程度的認定

　　一個組織或團體的成員是否團結、程度如何，認定或衡量的方法約有下列五種。

㈠成員間相互吸引的程度

　　越是團結的組織，其成員之間通常越有相互吸引的力量，都有較佳的互動關係與友誼。成員之間也有較大程度的相互信託，對於組織的領導人物也較尊重。

㈡成員對組織的印象與觀感

　　較團結的組織，其成員對組織與團體的印象較佳，認為組織對個人有較良好的意義與好處，個人也較樂於參與組織的活動。尤其當其將自己所屬組織與其他組織相比較時，都認為自己的組織或團體較他者為優。

㈢組織分子對組織的認同程度

組織的團結力高低也取決於組織分子對組織的認同程度。認同程度高，其團結力通常也較高。所謂認同是指其歸屬意識，越高者表示越能以組織為榮，自己也越樂於為組織出力效命。

㈣組織分子願意停留在組織內的程度

團結力高的組織，其成員通常願意停留在組織內的程度也越高，其期望及願勸說其他成員停留在組織的用心程度也越高。

㈤綜合認定與衡量法

此法是指使用各種方法，分別從上述四種指標方向詢問組織成員由其表示意見後，再綜合計算平均數或指數，而綜合判定組織成員的團結程度。

■三、影響組織團結行為與力量的因素

影響組織團結行為與力量的因素很多，包括每個組織分子本身的因素、組織整體的因素、甚至外在的因素等。就這三大方面的因素扼要說明如下。

㈠個人的因素

個人對組織的主觀需求與期望，將影響其對於組織滿意與否，也將影響其與組織內其他成員的互動行為表現，因而也會影響組織分子間的團結力。個人對於組織的要求與期望適度，不偏高，有助其心理平衡，不致於使其對組織產生不滿，因而也能維持其與組織分子間的和諧團結關係。個人在行為層面上若能表示對組織要求少，給予多，當可贏得其他分子的喜歡與敬重，因而也有助於組織分子的向心力及彼此間的團結。然而有時當組織分子對組織的期望與要求偏高，但其對組織的關懷與在意的程度亦高時，反而對組織會有較多的貢獻，若組織中的每個分子都能如此，則組織的凝聚力與團結力也必能很高。

(二)組織的因素

組織因素中影響組織分子間表現團體行為及團結力量的最重要者，是其能給組織成員滿足需求的功能。組織分子參與組織，通常對組織有所需求，或有某種願望與目的，組織能否滿足成員的這些需求、願望與目的，必會影響組織分子對組織的滿意程度，故也必會影響其能否對組織忠心耿耿、難分難捨；相反的，將導致其離經叛道、意興闌珊。至於影響組織功能好壞的內部因素，則有很多，重要者包括成員的素質、組織目標與達成目標的方法、組織結構與規模、領導人物的作風、組織的規範、及權力的運用等因素都是。

(三)環境因素

組織外的多種環境變數，包括社會風氣、經濟景氣、文化特質等都會影響組織成員對組織的需求，間接也會影響組織的功能及組織分子之間的情感與關係。就正面影響而言，種種環境因素會影響組織分子間促進團結，但就負面來看，則助長各分子叛離組織。

■四、組織團結行為與力量的後果

組織的團結行為與力量對於組織的效能與成敗會有重大的影響，對於個人的利害與禍福也會有很大的影響。就兩方面的影響或後果分別說明如下。

(一)對組織的後果

組織行為表現團結與否，表示組織內分子間相互吸引力的強弱，也表示組織對個人吸引力的大小。而團結力的高低，實也關係組織分子能否維持和諧相處及組織的存亡。

組織行為的團結力越大，表示組織分子對組織的參與及忠誠程度越高，對組織的貢獻也越多。此種組織較能實現組織整體性的計畫與目標，故有利組織功能的表現與發展。反之，團結行為與力量低的組織，容易產生衝突、糾紛與分裂。

(二)對組織分子個人的後果

　　個人處於團結力高的組織或團體中，通常會較為愉快，因而可得到較大滿足，其為組織中的他人犧牲服務或為他人好處努力的心意都較強，因而個人的成就較高，組織內人人能分享的好處也較大。反之，團體內部如果彼此不和睦，相互勾心鬥角，不團結、不協力，則個人必會感到不舒服，也不能貢獻心力，因而能獲得的滿足也越少。在極端不團結的組織中，分子不但捨不得圖利他人，反而相互猜忌，相互鬥爭破壞，個人不但得不到好處，反而可能受到傷害與苦難，個人加入此種組織，實也得不償失，經久終會離去。

■五、促進組織團結行為的方法

　　經由上面的分析而瞭解的團結行為與力量的意義、認定影響因素及後果之後，已能較清楚看出團結行為與力量在社會組織或團體中的重要與性質，因而也可以看出運用這種因素來助長組織功能的重要性及方向。以下是從組織領導者或管理者的立場考慮有效促進組織團體行為，並使組織分子都能滿意及產生親和力與吸引力的兩種重要方法或途徑。

(一)本身領導及管理上的作為

　　組織的領導者或管理者是組織的靈魂人物，應做好領導與管理才能使組織分子感到滿意與愉快。可促進團結行為的重要領導與管理作為，是領導者或管理者要能公平、公正，要能合理，以及要具有排難解紛的能力。

(二)培育與改造整體組織分子

　　組織分子不一定人人都能明白團結的原理，並表現團結的行為，有必要由組織的領導者或管理者給予培育與改造。從正面給予鼓勵，對其反團結的態度與行為，給予勸導、施壓、糾正、與懲罰，但應做到適可而止，以免矯枉過正，否則失去更多分子的團結就不划算。

第五節　組織行為的規範化與標準化

■一、組織行為規範化與標準化的意義與重要性

㈠意義

　　組織行為的規範化與標準化，是指建立組織行為的規範與標準的過程。此種行為規範與標準成為組織分子表現行為時，所認同與遵行的原則與依據。

㈡重要性

　　組織建立行為規範與標準的主要目的，是使組織分子能獲得一致性，進而能和諧團結。缺乏行為規範與標準的團體，其分子無所遵循，各自任意行事，容易散亂，甚至易起摩擦與衝突，故規範與標準對於維持組織的秩序至為重要。

■二、組織行為規範與標準的建立過程

　　組織行為的規範與標準通常建立在組織目標、宗旨與組織成員喜好的基礎上。有些行為規範與標準於組織設立時也隨之確定，將之設定在組織的規則中。有的則於組織成立並運作之後，隨著組織環境與情勢的改變而興起或加入者。行為規範與標準的確立，有可能由組織的領導者或管理者提議後經全體成員同意者，也有於組織初設立時即經成員共同商議後確定者。

　　組織行為規範與標準有的設立過程較為正式性，使用明白的文字書寫成明文規章，也有設立過程較非正式性，僅以口頭宣稱或約定，之後大家心理有數，銘記在心，作為引導行為的準則。

　　組織的行為規範與標準一旦確立之後，各分子即要遵行。違反者可能要受到處罰、制裁或批判。處罰或制裁的方式有多種，包括支付金錢、取消權利、或其他的處罰。反之，遵行者可能會獲得鼓勵與獎賞。獎懲的目的在於維持規範與標準的尊嚴與信譽，使成員嚴格遵

守，最後之目的在保護組織的功能，發揚組織的目標，及維護組織的
生存與延續。

■三、社會組織行為的重要規範與標準

不同種類的組織，其行為的特別規範與標準會有差別，但都有其
重要的共同性質。一般社會組織行為的共同性規範與標準，約可分成
積極性的與消極性的兩大類別。

㈠積極性的規範與標準

此類組織行為規範與標準，係指要求組織分子正面表現與遵守
者，重要的積極性行為規範與標準，有積極參與、為組織出錢、出力
與用心、遵守組織規則並與其他組織分子互相合作，以及發揮組織的
功能等。

㈡消極性的規範或標準

此類規範或標準是指要求組織分子不去表現與行使的行為。例如
不做出妨害組織的名譽與前途的事、不危害其他成員的利益、不違反
組織的規範，以及不假借組織之名圖謀私人的利益。

■四、行為規範與標準的運用

組織的領導者與管理者不僅要會善於設立組織的規範與標準，也
要能善於運用組織規範與標準。運用的要點包括利用與維護兩個重要
途徑。

㈠利用規範與標準以滿足組織的需求

組織的良好規範與標準的利器，可作為吸收組織成員及其他資源
的因素或條件，也可作為發揮組織功能的工具或因素，以及用來滿足
組織的需求。用為吸收組織成員或其他資源之時機，是當組織需要補
充或吸收更多成員或資源之時。組織成員表現行為時所遵行的優良規
範與標準都是組織的重要資產，給人良好的印象與信譽，因而會受人
歡迎與讚賞。組織有此良好的行為規範與標準，願意加入的新成員可

能會增多，組織自然也有較好的條件與機會加以選擇，提升成員的品質。當組織對外求取資金或設施等資源的補助與支援時，若有良好的規範標準供給分子遵行，通常會有較好的條件與機會獲取此種補助與支援。

(二)作為維護組織的生存

組織無不以生存為目標，而組織要能生存則需要有良好功能，良好的功能則要依賴組織成員遵守行為規範與標準。有明確的行為規範與標準，組織成員就能較容易發揮力量，推動組織的發展，使組織存在得更有生命力。

組織的行為規範與標準能維持組織生存的時機，表現在平時的運作。平時組織的活動與運作要能平穩不出毛病、要能有活力並有功能，都需要組織分子能遵循組織的規範與標準來行事與活動。一旦組織分子稍有違規，不遵守行為規範與標準，就會危及組織的功能與生命。

(三)運用的方法

為能有效利用與維護組織的行為規範與標準，組織的領導人或管理者要運用規範與標準，不使組織分子存有歧見與偏差。使成員能表現一致的行為，組織的運作才能有良好的成效。成員的規範標準行為表現或行使在語言與動作上。組織分子要遵行規範與標準，則需要有智慧與能力作為基礎。

組織要能有效促使成員遵守規範與標準，則需要特別注意偏差行為者的導正。有效的導正方法包括誘導及施壓。施壓是很不得已的方法，故不到非用不可時應不輕易使用。較可常用的方法是持正面的誘導與鼓勵。至於施壓的方法則有多種，包括檢討、批判及懲罰等。

第六節　組織的合作、競爭、衝突與妥協行為

社會組織行為有多種不同的型態與過程，經常可見者有合作、競爭、衝突與妥協等。這些組織行為的出現，大概與人的本性有關，但

各種不同行為型態的產生，都有不同理由或原因，發生時的性質也不同，後果也不同。將組織內及組織間數種不同行為型態的性質說明如下。

■一、合作行為的必要性與性質

不少社會組織的形成是基於合作的理念，其目標要經由組織成員的合作承諾才能達成。合作性組織的運作也要靠成員的合作意願。

合作行為的產生常因個人單獨行為無法達成個人的願望與需求，乃需要與人合作，也有經競爭與衝突而得到教訓後才願意與人合作，甚至也有人為了在競爭與衝突時不吃虧、不失敗，而尋求合作者。

良性的合作是一種高貴的個人行為，也是組織行為。要使合作順利達成，組織中的個人需要撇開私心、犧牲自我。

社會上的合作行為常見於合作團體或組織成員之間，也常見於私交良好、關係密切的友人及個人之間。組織也常以整體的單位與外界的組織或團體產生合作關係，或表現合作行為。一個地方農會就有必要與其他農會互助合作，共同辦理農產品的運銷，或共同要求政府改革農業政策等。

■二、競爭行為的型態與產生背景

社會組織為爭取少有的資源或造成目標，常會與其他組織或團體發生競爭行為。此種資源或目標，如獎勵、補助等好處。如果資源少，競爭者多，競爭乃會很激烈。在良性競爭條件下，則競爭者都還能保持風度與規矩，不致使用破壞性的手段與行為來傷害對方，但惡性的競爭則會使雙方兩敗俱傷。

組織的競爭行為常見於組織內的分子為升等職位而競爭，同類組織之間為爭取有限資源，或在開展同質的業務時也會相互競爭。競爭的共同背景都因僧多粥少所引起。

■三、衝突行為的原因與去除之道

組織的衝突行為是指組織內的個人之間或組織之間，關係尖銳且

具有傷害的行為表現。衝突程度由小而大可分為吵罵、打鬥、殺害等，後果往往兩敗俱傷。產生此種行為的原因常是過度競爭所引起，也有起自誤解的芝麻小事、溝通不良、或私心作怪等不同原因。

　　組織出現衝突行為時因具有破壞性，故有必要設法加以去除。去除的方法有多種，可由一方將對方擊敗打倒，也可由一方退讓，或由雙方妥協。

▌四、妥協行為的意義與過程

　　妥協行為是為平息競爭與衝突的一種方法，此種行為過程常因競爭與衝突行為引起，為的是使競爭者或衝突者的一方或雙方讓步，遷就對方的要求而達成協議與同意，避免產生嚴重的傷害。

　　妥協行為的過程固然可由當事人表示，也常由第三者出面勸導或調解後達成。常見調解委員會組織、裁判者或法庭等，都是仲裁競爭與糾紛並使雙方達成妥協的專職人員或專職機關與組織。人類的社會組織在競爭或衝突之後如能妥協，才能使競爭與衝突平息。

第八章
組織管理

第一節　意義與重要性質

一、意義

　　組織管理（organizational management）是指由組織的管理者對組織中的人及物質資源加以調和，使達成組織的目標。在此種調和的過程中包含四大元素（elements），即㈠朝向目標；㈡經由人；㈢使用資源及技術方法；㈣在組織中進行。

　　組織管理的重要內容有決策、規劃、協調與整合等活動的過程，其中協調是組織管理的主要力量（primary force）之一。主要協調的對象是組織中的個別體系之間、不同部門之間及組織與環境之間的關係，使其能調和與整合。

　　管理與行政（administration）兩者在意義上有相通之處，但也有差別。相通之處是兩者都是在處理組織的事務，使其能整合並發揮效能、達成目標。唯管理是較傾向處理企業組織的事，行政則較適用在處理政府機關或非營利性組織的事務。

二、重要性

　　組織經由管理可獲得許多好處或效果，重要者有下列諸項：㈠可將各種資源協調整合成有共同目標的系統。㈡可使組織的訊息決策系統（information-decision system）與勞力工作相協調，並維持動態的平衡。㈢可協調組織的各種次系統的活動與環境系統相連結，使環境系統能支援組織或支持組織。㈣可使組織有合理的行動，並有效解決問題。㈤可使組織提升效率，發揮功能，並能順利達成目標。㈥經由管理知識的累積，可作為研究、教學及實務運用的依據及參考架構。

三、性質

　　組織管理除具有重要性之外，還具有其他多種的重要性質，這些性質涵蓋組織管理的細項事件很多，包括人事、業務、財務等大方向

的管理，且每項大方向的管理都還可再細分。

　　組織管理依層次而分，可分為高層的決策及計畫、中層的傳達與推動，及基層的執行。管理按其是否為常態，也可分為平常性的例行管理及特殊性的危機處理兩種很不相同的型態。

第二節　決策與計畫：管理的第一步

　　管理的要點很多，本書中第七章論組織行為時，曾述及權力的運作、團結力的運作、規範與標準的建立等都具有管理的意義，也都需要經由管理的過程才能進行，才能實現或達成。本章論組織管理時，不再重複這些管理的要項，而僅選擇與補充若干管理要項，就其要點與過程，加以分析與說明。本節乃先論決策與計畫，因為決策與計畫是組織管理的內容與過程所不可或缺的一項。

▌一、組織決策與計畫的意義

　　組織決策（decision making）是指組織決定目標、方針、結構或分工架構、活動內容及解決問題的策略。

▌二、合理的組織決策過程

　　一個社會組織的合理決策過程，大致都要依照下列的順序進行。

㈠留意或監視相關的環境條件

　　組織要做決策多半必須經由留意與監視相關的環境條件，從中研判其與決策內容的關係，進而決定組織的目標、方針、結構與活動內容等。因為目標不能孤立，必須與外界的環境系統有關聯，甚至互動。

㈡指出組織的問題或有關事項

　　組織的決策有兩個不同的階段與層次，一為形成組織之前的決策，二為形成組織之後的決策。前項決策最需要參考環境條件，後項決策則需要探究並指出組織本身的問題，為的是改進問題，促進成效。

㈢診斷組織的問題或有關事項的性質及病癥的詳情

組織於指出問題之後，對於問題的性質有必要加以分析及探討，尤其對於有病癥的部分，更需要作較詳細的診斷，才能對症下藥，解決問題，增進組織的成效。

㈣研擬目標

組織有問題就要解決，為使問題的解決能有成效，有必要提出具體目標。

㈤提出達成目標的方法，亦即發展方法

有目標，就要有達成目標的方法為之配合，唯達成目標的方法可能不只其一，故先有必要將之一一發現，亦即經由探索發展的過程而獲得。

㈥檢討方法

對於探索或發展出來的多種方法有必要仔細加以檢討，分析其長短處，比較其優劣點，作為選擇使用的基礎。

㈦選擇方法

在多種可能的方法中，有必要從中選擇最佳者，作為確定要使用者。不因使用不良的方法而無法達成目標，或增加成本與困難。

㈧運用方法

方法選定之後，即要運用，使其成為達成目標的有效方法或手段。

■三、決策的模式或類型

決策依不同的角度或指標，各可分成多種模式或類型。於此從三種不同角度或指標加以分類，將之列舉並分辨如下。

㈠由參與或運用方法而分

在組織中參與決策的方法會有不同，常見參與決策的方法可分成三大類型或模式。

1. 統一或單一決策法

此種決策方法是指由一人或一個單位決策的意思，也常是集權或獨裁模式的決策方法。

2. 群體決策法

此種決策方法主要是由領導群聯合決策，決策時可經由商議後決定。過去國民黨在決策黨提名的政治候選人時，有所謂五人小組或七人小組的決策模式。

3. 全體共同決策法

此種決策的方法是指由組織中，各有關的部門或人員全體共同決策的方法，決策時可用投票或舉手表示贊同某種意見後決定。

㈡依決策可變性的程度而分

由此角度或指標而分，決策可分成下列兩種。

1. 確實性或不變性的決策

此種決策方法是僵硬不變的，決策缺乏彈性，也不因環境不同而輕易遷就或改變。

2. 權變性

此種決策較有彈性，常依環境條件不同而改變，也稱為權變性的決策方法。

㈢依決策的方法而分

決策依使用的方法而分，可分成三種不同的模式或類型。

1. 科學管理型

此種決策方法常使用科學方法或統計等科學技術來分析資料後決策者，如使用遊戲理論（game theory）而作決策的情形即為一例。

2. 直覺判斷型

此種決策全由決策者直覺判斷而作，決策者的直覺判斷含有其經驗與智慧的成分在內。

3. 協商型

此種決策方法係由相關部門或人員提出不同的決策建議後，經協商折衷後決定。不同政黨因代表不同的利益團體，也會有不同的意識

型態，對於同一事項常有不同的意見與看法，在決策時很難表現一致的意見，於是必須經過協商的過程後決策。

■四、計畫

計畫也是組織管理的必要過程，分為意義、目的及過程等三方面來說明此項管理的性質。

㈠組織計畫的意義

任何用心、有抱負、有水準的組織，都有其行動計畫。計畫的意義即是設計或規劃（planning）。組織計畫是指合乎組織目的、好處或變遷的設計或規劃。這種設計或規劃通常會涉及多數的人，也許涉及設計或規劃的主體人數較少，但涉及的客體人數則較多，包括所有組織內的人。組織的設計或規劃也有可能由動員全組織的人共同行動而完成。

㈡計畫的目的

組織計畫的目的，通常都為組織的某些好處而作。也可能為促進組織的變遷與改造，使組織變得更有知識、更有技術，有更好的結構、更好的制度，並盡更好的功能等。組織計畫或設計後能否使組織確定變得更好，以及變好的程度如何，要看計畫的內容、性質及執行的情況而定。一般組織計畫的目標所在，組織的變化也會朝此方向進行或改善。

㈢組織計畫過程的型態

社會學家Paul C. Nutt將計畫過程以三種型態加以說明，此三種計畫過程的型態是㈠計畫階段（planning stage）；㈡策劃步驟（planning steps）；㈢執行模式（the transactional model）。就此三個過程的更細節部分略作說明如下。

1. 計畫階段（planning stage）

此階段可再細分成五個小階段，即(1)有系統陳述的階段（formulation stage），陳述的內容在釐清問題的性質，分出現存的情況及理想的情

況。(2)概念形成階段（concept stage），此階段是指出可以涵蓋計畫問題的概念模式。過去有關企業組織的計畫，在此階段曾發展出縮減模式（reductionist model）、投入產出（input-output）模式及關係樹（relevance tree）模式等。(3)詳細化的階段（detailing stage），在此階段常發展出解決問題的詳細方法或模式。(4)評估階段（evaluation stage），主要是在評估各種解決方法的成本、效益、接受與否及各種影響解決問題能力的因素等。(5)實施階段（implementation stage），即運用策略去執行計畫。

2. 策劃步驟（planning steps）

　　Nutt將策劃分成三小項，即(1)尋找的步驟（search step），此步驟是指尋找訊息（information）的過程。(2)綜合的步驟（synthesis step），此步驟是指運用技術組合概念，使其成為互有關聯的型態。(3)分析的步驟（analysis step），此步驟是用以研究或驗證計畫階段的成果，如檢驗因果關係。

3. 執行模式（the transaction model）

　　Nutt將此一執行模式分成兩方面說明，一是過程觀點，二是以過程類型說明計畫過程，將兩方面的重要概念再說明如下。

(1)過程觀點（views of process）

　　計畫模式的過程觀點是將計畫視為與決策不同。計畫過程的啟動是當成效達不到預期時開始，實際成效達不到預期目標就成了問題。計畫者依照對問題性質的瞭解而計畫如何去解決，而後再交由業主或贊助者（sponsors）去決定。計畫者的計畫過程可分為計畫的陳述、概念的形成、細部計畫、計畫評估、及計畫的實施等五階段。但在此五階段中，隨時都注入業主或贊助者的意見，即業主或贊助者經常保持與計畫者對話，甚至也有由業主或贊助者主導計畫的內涵者。

(2)以過程類型說明計畫過程

　　Nutt將五個計畫階段與三個計畫步驟結合，得出十個更細的計畫步驟（ten steps）。這十個細步的計畫步驟之間有前後順序，其計畫目標間也有層級架構（hierarchy），可說成為建立體系的計畫類型（the planning morphology for the systems approach）。

第三節　動機的激發：管理的第二步

組織管理常由激發組織分子的動機出發，此種管理方法是得自人群管理學派啟發。本節就激發動機的重要管理概念加以分析與說明。

▌一、組織對分子所需求的動機

組織要激發分子的動機，首先要先瞭解與確定組織對分子所需求的動機，重要的需求動機約有下列三種。

㈠需求組織分子參與組織活動與事務

組織要能活動與存在，首先需要組織分子能參與組織的活動與事務。如果組織分子缺乏此種動機，就不會參與，組織的活動就無法開展，組織要存在與發展也會有困難。

㈡需求組織分子愛護組織

組織對於其分子的第二項重要需求是要其愛護組織，愛護組織就不能傷害組織。愛護的表現方式有很多種，包括支持組織、宣揚組織的好處、防止組織受到傷害等都是愛護組織的具體表現。

㈢效忠組織

效忠組織也是愛護組織的表現，但效忠的意義與愛護的行為表現有其差別之處，愛護行為指在一般正常的情形下表現，效忠則常表現在組織有難之時。且愛護組織的分子可在一般不必太過犧牲與委曲求全的情形下表現，但效忠的行為表現者常會受到委曲與犧牲。深層的效忠行為表現，甚至有犧牲權利或生命的情形。

▌二、激發組織分子動機的類型

組織要激發組織分子的動機，可分兩種不同方式來推展。

(一)組織不必費心，只由分子自動自發

　　組織只要營造有利激發分子動機的氣氛與環境，不必刻意表示激發的行動，只由組織分子自動自發展示各種有利或有助組織成效與發展的動機。這是一種採取不直接鼓勵與激發的辦法。

(二)組織用心激發

　　此種方式是由組織採取積極明確的激勵作法，激勵的辦法有多種，經由正式的儀式給其鼓勵與獎助，或給其晉升的機會或實質的報酬或回饋等，都是屬於此類用心的激發辦法或方式。

■ 三、有效激發組織分子或成員動機的組織條件或因素

　　不是所有的組織都能有效激發分子或成員的動機，其中的差別因素很多，但組織本身的條件或因素的差異則是重要者。可助有效激勵分子動機的組織條件或因素約有下列三項。

(一)領導者的良好作用、策略、方法與熱心程度

　　影響激勵成員或分子動機的重要組織條件或因素之一，是領導者的條件或因素。組織領導者有良好的作風、策略、方法與熱心，對激勵組織分子或成員去愛護、支持及效忠組織的動機必有幫助。良好的組織常能受到組織成員的愛戴與擁護，對於組織成員必然具有鼓舞其愛護與支持組織的動機。

(二)組織的團結力，包括一般成員的向心力與對組織的認同

　　組織中非領導者對於組織的認同程度、團結力與向心力等也是影響組織對成員激勵動機的重要因素。當團體中的其他成員對組織的認同程度高，團結力與向心力強時，組織分子很容易主動受組織所激勵，也容易對組織認同或接近，並願意向組織效忠或支持。

(三)其他的組織條件因素

　　除了上舉兩種組織因素以外，其他足以影響組織成員動機的別種組織因素或條件，還有組織的資源、規範、活動規劃與行動等。資源

條件佳、規範良好，並有良好規劃與行動的組織，對於組織成員都具有吸引力，容易吸引成員，組織成員也容易受其感召而願意向其盡力效命與用心。

■四、組織對成員動機的運用

組織激發成員參與、愛護與效忠組織的動機，是管理成員的一種起步工作，激發其動機之後若能再善加利用，才能經由動機而收到有利組織的更具體效果。組織對成員動機的運用有下列若干重要的策略與方法。

㈠結合個人動機成為組織的動機

組織分子個人是構成組織的基石，但個人分散並存在於組織中，必須使其動機與組織的動機相結合，或匯集個人的動機成為組織的動機，則個人動機才能實際變為有助組織成長、發展與健全的要素。

㈡將組織動機轉化為組織目標

結合個人動機成為團體動機後，最好還能使組織動機轉化成組織的目標，使個人及組織的動機能有更多的機會具體表現在行為上。不僅可使團體獲益，更可使個人滿足，對團體及個人都有實質的好處。

㈢依目標展開行動並加以實現

將動機變為目標，仍不一定可以實現。為使目標能達成，還必須經由展開行動，對目標加以實踐。如能使目標實現，必能使個人與組織都獲得實質的好處。

㈣動機之再激發

當個人的動機經由轉化為組織動機，再變為組織目標並實現之後，組織有必要再度激發成員的新動機，使其成為第二輪的組織動機與目標，並由組織帶動，使新目標也能實現。如此循環不斷，則組織分子在組織中便可時時保持強烈的動機，也能時時與組織的動機結合在一起，並能保持活動的目標，使目標持續達成或實現，則組織可經

常生生不息，組織中的個人也能經常活潑並有生氣。

第四節　溝通與整合：管理的第三步

▌一、原因與必要性

　　組織分子為數可能很多，其想法、觀念、意見與目的會相當分化，因而也容易不一致，甚至會有分歧並產生衝突。於是每個組織內必須溝通與整合，使其能團結一致，此也為組織勢所必要有的另一種管理工作。

▌二、溝通與整合的管理目的

　　組織需要做溝通與整合的管理，其目的甚為明顯，乃是要使組織便於發揮團體性的行動，並盡功能。重要的目的在化除歧見，減低障礙及避免分裂。

　　組織中的分子存有歧異的意見、看法、與目的是很必然的事，而這些歧見與分化很難靠個人自動覺悟、自我反省而化解，常有必要經由組織管理者的勸解、溝通與整合之後，才能達成團結一致的意思。良好的管理者，必須具備溝通與整合能力，並將之充分發揮與施展。

▌三、溝通與整合管理的時機

　　組織需要有溝通與整合的管理，重要的時機有二。

㈠當組織發生衝突糾紛之時

　　組織或團體之內的個人之間，可能發生糾紛與衝突；黨派或小團體之間，也可能發生糾紛與衝突；整個組織與其他組織之間，也可能發生糾紛與衝突。在此種糾紛與衝突的時刻，最需要管理者發揮溝通、協調與整合的功力去化解與緩和，使組織能團結合作，發揮正常的功能。

　　當組織發生糾紛與衝突時，如果缺乏溝通與整合的管理過程，很

可能會使糾紛與衝突擴大，難以平息，終究可能導致組織的分裂與瓦解。其中有些個人有可能嚴重受到傷害，這是個人的不幸，也是組織的不幸。

㈡當組織需要團體一致行動之時

　　組織需要有溝通與整合管理的另一時機，是當組織需要團體一致行動之時。在團體性的行動之初，成員的思想與行為可能非常分散，也很混亂，但不一定會有糾紛與衝突。此時有必要由組織管理者出面溝通、協調與整合，使組織分子的意見、態度與行為能趨於一致，發揮團結的力量，展開一致的行動，達成預期的一致性目標。

　　在整合分散的意見與行為的過程中，管理者可用的溝通管道有多種，包括使用媒體作為工具，使組織分子能很快明瞭組織需要有一致目標與行動的理由，以及表現結合行動的方式。如果組織的規模龐大，管理者則有必要將組織分子分成較小部門或團體，經由先與小團體或小部門的領導者或管理者溝通協調，再進而由各小團體或小組織的管理者分別去與其成員溝通協調，經由此種間接溝通的過程，也可收到大組織整合的目的。而對此種組織規模龐大的問題，常見最高管理者經由分批分組溝通與協調的辦法，先由與少部分的人溝通整合，再擴大成整體的溝通與整合。

■四、溝通整合管理的重要心理概念與過程

　　組織的溝通與整合是一種行動，也是一種心理概念與過程，就此種管理過程的重要心理概念與過程分別述說如下。

㈠知覺的概念與過程

　　溝通與整合是一種內心知覺的事態。組織分子經由自我知覺或經由管理者說明與疏解後，而能在內心中接受規勸與溝通，由衷願意捨棄己見，與人合作。

㈡認識的概念與過程

　　此種概念或過程是指組織分子能較詳細瞭解事態的性質與情形，

進一步形成意見與態度。經由溝通整合後所形成的意見與態度，都較能為組織的大局著想，少會再存有私念，以致妨害組織的整合與團結。

(三)形成動機

經溝通、協調與整合之後的意見，乃會有較強烈的感覺，而形成動機，包括願意接受、願意退讓、願意妥協、願意犧牲、願意與人為善等動機。這些動機很可能會融入個人對整個組織的看法，而成為其參與達成組織目標的動機

■五、溝通與整合管理的技巧與方法

(一)溝通的技巧與方法

管理者為了與成員溝通與協調意見或觀念，常用的重要技巧與方法有下列這些。

1.提供讀物

提供與溝通及協調事件有關讀物的目的，在使被溝通者能明瞭事件的意義與重要性，使其能容易願意接受。

2.在媒體上宣示

當組織的成員眾多，分布廣闊的情形下，管理者為與其成員在短時間內作全面溝通，常使用媒體作為媒介或工具，在媒體上就事件的相關事項，包括政策、目標、方法等加以宣示。常見政府為推動某種政策，擔心有人不明白、有誤解，或不能接受，有必要在電視、報紙，或收音機上加以宣導與說明。

3.講課說明

對於較少數的組織分子，要與之溝通，使其看法、意見與行為能相整合，故常使用講課說明的技巧與方法。許多組織常使用辦理講習會的方式來與學員溝通，而具體的溝通作法是開班上課，在課堂上請專業講師來做說明。

4.開會討論

開會討論也是一種常用的溝通與協調技巧與方法。有意見及問題者可當面發問與質疑，由主持人當場作答或裁決。此種技巧與方法已

成為各種正式組織最常使用的溝通與協調方法。議會組織的議事、公司的董事會議、學會或協會的理監事會以及會員大會等，都是使用開會的方法來溝通與協調各種意見與看法。

5. 判斷勸說

對於組織中較為頑劣的分子，很難使用上列各種技巧與方法來與之溝通，管理者常無法獲得其正面肯定的同意。有時必須憑其判斷並加以勸說，如果勸說無效，只能加以裁決，使其不得不服從多數或有理的一方。

6. 威脅利誘

在組織中有時使用威脅與利誘的方法也可收到使人同意，達成溝通與協調的目的。不過有時使用威脅利誘的方法雖然有效，但並不很道德，管理者可以判斷後再決定是否使用。

(二)整合的技巧與方法

組織的管理經過溝通與協調的目的，無非是為使組織能夠整合。有關整合的重要概念與理論有兩種重要者，一是規範整合，另一是功能整合，能達此兩種整合目標的有效技巧與方法，都是組織管理上促成整合的重要技巧與方法，將之分別探討如下。

1. 規範整合的技巧

所謂規範整合是指組織成員之間能有共識，因而可達整合的目的。有助規範整合的技巧與方法，從積極方面看，有發展共同的觀念與價值、促進彼此的瞭解與關係，以及創造生命共同體的理念等都是。從消極方面看，則有消除歧見與爭端、消滅雜音，甚至可由自身的退讓、妥協而達成共識的目標。

2. 功能整合的技巧

所謂功能整合是各分子或各不同組織部門各盡不同功能，使整個組織獲得必要的所有功能。組織中各不同分子或組織所盡的功能都為彼此所需要，由彼此之間的相互需求及相互貢獻，使組織整體緊密的結合在一起。

為促使功能整合，重要的技巧與方法包括使組織分子之間或各部

門之間能有合適與良好的分工，並促使其合作，也可經由創造或增多各個分子或各部門的功能來增加組織整合的強度。

第五節　管理者的自我管理：認識及運用領導者角色

■一、領導者角色的重要性

　　每個組織都有領導者，也可能是其管理者。組織形成或產生領導者的重要目的有下列兩點。

㈠為因應組織的需求，使組織有秩序、有效率

　　組織設立領導者與管理者的最主要目的，是回應組織的需求，為使組織有秩序並有效率。如果組織缺乏領導者與管理者，則組織將成為無管理的狀態，各分子可能為所欲為，缺乏秩序，整個組織也可能混亂一團，沒有效率。

㈡因為組織分子間的能力與地位有差別性，必須有領導者及被領導者之分

　　組織中設有領導者與管理者的另一目的或原因，係為平衡組織分子間的能力與地位差別，使其有適當的分工與合作。其中能力好、地位高者處於領導者或管理者的角色，領導及引導他人的行為。另一些人則被領導者或管理者所指揮與監督，如此分別角色與地位，也可使組織分子間有良好的分工合作。

■二、領導者的重要角色

　　組織的領導者能盡其應盡的重要角色約有下列五大項。

㈠決策的角色

　　領導者的首要角色是決策，亦即是為組織決定目標、規則，及人

與事的安排與分工等。因有領導者的決定，組織才能有明確的目標，有行事的規則、有良好的角色安排及分工的結構，組織也才能展現效率與功能。

㈡掌控的角色

組織領導者的另一重要角色，是要能掌控組織的大局，不使組織失去方向，向目標前進；也不使組織分子之間的結構與秩序混亂，使能團結一致，共同為組織效命。

㈢示範的角色

組織的領導者或管理者是組織中最有能力的人，對於組織的業務與事務比其他的組織分子都較熟悉，有較高的處理能力。故常要示範給部屬或其他成員看，使部屬能效法與跟隨。沒有領導者的示範，組織中的許多事務就無人能操作與運行。

組織的領導者可能不只一人，不同領導者之間的專長能力各有差別，能作的示範角色也有不同。有人能示範對機械或儀器的操作技術，有人善長於示範人際關係的處理，有人則善長於處理員工的疑難雜症。故在示範時，可能有必要按領導者的專長，作局部的示範與指導。

㈣功能的角色

示範角色所示範的內容常是功能性的，領導者也常負有重大的功能任務與角色，但並不需要向他人示範，只要將其分內的事做好，對組織就有交代，也自然成為好的示範，但其示範作用並不一定要當著他人的面表示。領導者所要展現的功能角色有多種，本節所論的各項功能都是，其中例行性的功能常是最根本，也是最重要者。

㈤代表的角色

領導者對外代表組織。組織內的小單位或小部門的領導者或主管，也代表該單位或部門。但代表的正式程度會有不同的差別，有時可全權代表，有時只是有條件的代表，不同代表程度視組織規則中的

規定而定。

■三、領導角色的產生

組織的領導者產生的方式有多種，下列數種都是很常見者。

(一)意願說

領導者要有意願擔任，才能勝任愉快，如果缺乏意願，可能無法受到組織的認可，就是勉為其難，也可能不易將領導功能盡好。不少領導者出任新職位之前，都要受到更高層領導者的徵詢，看其是否具有意願作為出任的先決條件。

然而在組織中有意願擔任領導職位者，可能會有多人，在此情形下，則要進入另一階段的競爭或選拔。方法有多種‧重要方法的原則是在從中獲得最適合的人選，作為特殊職位的領導者。

(二)特長說

另一種領導者產生的方式是選取最具有特長的人。此種領導者產生的方式可說是專家取向。如要選取財務經理，則選取理財方面最具有特長的專家擔任。以特長選取領導者的方式雖有不少好處，但也有不少的缺點，最大的優點是領導者都具有特長，在專業方面難不倒他。但是領導功能的發揮，有時需要是全方位的，不僅只具有專業特長就能將部屬帶好，還需要懂得人情世故，對部屬要具有親和力等之類的常識性領導力。然而具有特殊專業才能的人，不一定人人都具有其他的領導才能特質，故也不能保證其一定可用其專長，就能扮演好領導者的角色。

(三)擁戴說或聲譽說

有一種領導者的產生是因其具有很高的聲譽，深受組織分子所擁戴，乃將之推舉成領導者。這種產生的方式對領導者當事人而言可說是很被動、很自然的。這種領袖的聲望高，就任後多半能受到部屬的支持。然而有聲望的人，對於一些特殊性的事務不一定都很擅長，故不一定都是最佳的專業示範者，這是此種領袖的最大缺點。若能輔以

專業者予以襄助，其領導功能便可有較佳的展現。

㈣權變說

此種領導者產生的方式是指受環境的影響或決定，有如時勢造英雄的產生情況。在亂局中挺身喊話的強人可能被擁為領袖；會議中擅長言論者也可能被捧為領導；外交情勢危及時所選取的領導或代表，則必須是善於談判之人。

持權變領導說觀點者，會主張或認為環境情勢改變了，領導者也有必要隨之更換。

㈤指定說

此種領導者產生的方式是受上層更高領袖所指定的。高層指定下層領袖的原則可能有多種，主要是按其喜好與信賴。但也可能依彼此熟悉的程度，或看被選人受下屬支持的程度，或其專業特性等。

■四、領導角色的發展與培育

領導角色是可經訓練或培育的過程發展而成的。就領導者角色發展的若干重要概念分述如下。

㈠排斥先天決定論

領導角色可經培育訓練後發展而成，這就不是先天決定的。故此種說法及理論與先天決定論是相違背、相牴觸的，亦即排斥領導者角色是先天就決定而無法改變的論說。

㈡自我訓練說

此種論點是強調領導者自我訓練的重要性，除非本人決心並用心訓練自己，否則難以成器成才。有心擔任領導角色者，通常會從基層的組織中自我鍛鍊做起。會先經由擔任基層組織的領導角色，一旦有良好表現，而後逐漸往上層提升，機會也會變大。

㈢他人栽培說

此種培育領導者角色的概念，最強調由他人或外界栽培的重要

性。栽培者可能是其家人或長輩,也有因特殊關係或因為具有受人器重的特質者。他人或外界栽培領導者的途徑會先經過選拔,而後令其去接受訓練。訓練的領域或項目有一般訓練及特殊訓練的不同情形。

█ 五、領導力的運用——與權力的關係及配合

領導力的運用常與權力之間有密切的關係與配合。依此原理,則領導力的運用方式,主要有下列三種類型。

㈠獨裁領導

1.性質

此種領導模式是領導者有絕對的權威,領導的走向可任其所欲。獨裁領導者常以自己的偏好與善惡來對待部屬或他人。故其親信都是其所好者,所謂「順我則生,逆我則死」是其領導作風的寫照。

2.時期

獨裁領導只能在封閉愚昧的社會或組織中才有存在的可能,偶爾在非常時機也能容許其存在。在民主自由的社會或組織中,此種領導型態難以存在。

3.效果

獨裁的領導常有效率,組織中少有雜音,故推行事務會快速有效,但危險性很高。獨裁者的作風與行事極為危險,危險的方面包括其喜怒無常、變臉容易,其身邊的人及被領導者,都處於危險狀況,隨時可能會被處置。二來其帶領的整個組織也很危險,可能被帶向錯誤的方向或情境,而無法挽救。

㈡民主領導

1.性質

此種領導以公意為最高原則,領導者堅信「民之所欲常在我心」,不自以為是,不操控局面。領導組織運作以能造福組織成員為最終目的。

2.時機

在開放與知識的社會或組織中,普遍會出現與存在此種領導模

式。因為在此種組織中，人民或成員的訊息互通，不易被矇騙，也較有能力監督領導者，不容許其獨裁亂來。領導者也都能瞭解社會或組織分子的希求，而儘可能符合其希求。

㈢綜合或混合領導

　　此種領導方式是指混合獨裁與民主方式的領導。但混合的程度有差別，有的較接近獨裁領導，有的則較接近民主領導。影響領導偏向的原因很多，如領導者的作風、組織的條件、外界環境情勢等都是重要的影響或決定因素。

第九章
組織控制

第一節　組織控制的意義與重要的性質

一、意義

組織控制的意義可分下列四點說明。

㈠對組織功能及活動的監督與協調

組織功能與活動要能順利進行是組織的重要原則之一。為能符合此一原則，組織需要有監督與協調為機制。

㈡使組織規則能被遵守與運行

組織制定規則，目的在使成員能依規則行事。但是有些組織成員很容易違反規則，任意行事，有必要設立控制的機制，使組織成員能遵守並運行。

㈢控制是指整合組織內部

組織內部整合的內容包括對成員的適當選擇與訓練，使成員社會化，使組織達成科層化及形式化的境界。

㈣矯正組織及成員的偏差

組織的整體及其成員在行為上會有偏差，違反標準與規則，組織對此偏差行為，有必要加以矯正，此也為組織控制之一環。

二、重要的性質

組織控制的重要性質可從下列五方面加以認識與瞭解。

㈠與組織管理的意義相接近，但有差別

組織管理係對組織一般事務的處理，但組織控制則指對組織較特殊問題與差錯的監督、矯正與協調。

㈡是指較為強硬有力的管理方式

　　與一般管理事務比較，控制是指較強有力的特殊管理方式。管理的要點在控制組織行為，不使其走向偏差，對已偏差的行為要加以矯正，因此管理者必須使出較強硬的力量，才能顯出控制的成效。

㈢組織控制分兩大種類

　　組織控制的兩大類型，是組織行為的控制及組織成效的控制。行為控制是指控制組織的行為面，使其有正確的行使與表現，此種行為控制也較注意過程的控制。行為過程能經控制而較正確，其後果也就較能符合預期。成效控制則是指向組織功能的控制，使組織不致偏離預期的成效，直接達到預期功能的目標。

㈣韋伯認為科層組織是最有力量的控制工具

　　十九世紀德國的社會學家韋伯（Max Weber），提出科層組織（bureaucracy）的概念，且認為此種組織架構或型態是最有力控制組織的工具。科層制組織的大意是指組織具有上下層級及左右分門別類的架構與關係。組織的上層對下層有管理控制的職責與權力，左右部門之間也有相互影響與牽制的關係。依韋伯的說法，此種組織型態是人類社會組織最合理的，也是最理想的組織型態。

㈤柏深思（Parsons）認為權威是控制的機制

　　美國近代社會學家柏深思認為，組織的控制力得自權威的機制，有權威才能有控制的效能。他進一步認為權威來自兩大方面，其一是來自職位，其二是來自專門知識。組織的控制者都是位處高階，且比他人有較佳的專門知識者。

第二節　組織控制的目的

　　組織控制必有其目的，重要的目的可分下列幾點說明。

▋一、提高組織效率，避免組織的偏差與浪費

組織控制在廣義的方面，包括控制每個組織分子都能按規矩行事，為組織盡力效命。經由控制必然可使其成員發揮效率，整個組織也能發揮良好的功能與效率。

此外，組織控制的要點在控制成員的行為不可偏差，因而組織可避免產生偏差與錯誤的行為，也可使組織減少不應有也不必要的浪費。

▋二、可達成柏深思所提的 AGIL 模式

柏深思（Parsons）所指的 AGIL 的模式，包括下面所指的含義，是組織普遍追求且要達成的境界。

㈠ A 是取自英文的 adaptation（適應），亦即適應環境之意。

㈡ G 是取自英文的 goal（目標），意指達成目標。

㈢ I 是取自英文的 integration（整合），意指整合組織的分歧與衝突。

㈣ L 是取自英文的 latent（隱含），即是指發揮暗中潛伏的能力，或發揮潛能。

以上 Parsons 所指的 AGIL 模式，很明顯是組織所應該也是必要達成的理想境界。組織要達成此種境界有必要經由控制的過程，組織施行控制也以能達到此四種重要境界為重要目的。

▋三、產生組織的功能

組織無不以能盡功能為主要努力目標，在朝向達成這種目標的過程中，常會有偏差或錯誤，故要有矯正偏差或改正錯誤的控制行為與動作。控制即是在矯正偏差與錯誤，使組織能展現與發揮功能。

第三節　組織需要控制的原因與理由

由前節所指，組織控制的目的可看為是使組織必要控制的重要原因。但依照組織控制的含義，則組織需要控制的重要原因與理由還有

下列五大項。

一、因為組織內的個人在思想、觀念與行為上會有偏差

具有偏差思想、觀念與行為者，不僅是組織的普通成員而已，也包括組織的主管或管理者與領袖。成員常發生的偏差經發現後，可能會給予警告，如給予記過或罰款處分，也可能會給其肉體或精神上的懲罰，嚴重者可能被驅逐於組織之外。

當主管發生偏差時，通常較不容易被察覺，但這種偏差可由組織分子群集提醒，並可由組織分子對偏差的領導者或管理者提出抗議或圍攻，使其能快速修正或更改。

二、組織的規劃會有失當

當組織的規劃失當時，也是組織需要控制的重要時機，而組織計畫的重要失當面約包含下列五點，將之列舉並說明主要的控制要點。

㈠目標過度膨漲

組織的目標過度膨漲是常見的事，有此問題必須加以控制，作適度的調整，使其目標範圍適當。

㈡目標消極

組織的目標過度消極也是一項常見的錯誤。遇此情形，組織有必要給其補強，組織才有更加努力推動的必要與理由。

㈢要素配合不當

每個組織要能發揮功能，必須先投入要素，但組織在投入各種要素時，很不容易將各種要素作適當的配合。雖然經濟學上指出要作最適當的投入，必須要使投入的各項因素的邊際生產或收益相同，但實際上此一平衡點不易計算。因為各種資源的配合被發現有問題時，即應加以控制，並謀求作最佳的配合。

㈣對不良的後果未能預見，即缺乏遠見

組織在做規劃時，有時對未來的不良後果未必都能預見，亦即未有遠見。到了中途才發現原計畫有錯誤或不切實際的謬誤時，有必要加以糾正。

㈤規劃完全不正確，譬如違反成員利益或社會價值

組織的原計畫也會偶有完全不正確的錯誤發生，如違反成員利益或社會價值，有必要中途剎車叫停、更換或修正計畫。

■三、對組織的事務執行不當

組織需要控制的第三項重要理由，是當組織對事務的執行不當時。可能的不當情形有偏離目標與規則，或執行人不經心，乃至有存心違反執行過程的情形。遇此情形時，組織對於不當的執行者必須施以糾正或警告等各種控制措施，使執行者能導正。

■四、組織內部改變，使其控制也需要重新調整

組織內部改變的情況有因更換主管、改變策略、或調整結構等多種不同的情形，致使其需要更改目標或方法，有時也需要更換工作內容或需要更換工作人員等，於是組織的事務與工作有必要加以控制與調整。

■五、環境變遷，使組織遭遇困難

組織需要控制的原因，也常因環境變遷致使組織遭遇困難所引起。重要的環境變遷及引發的困難約有下列四大項目。

㈠經濟不景氣，導致企業組織經營不善

多半社會上的企業都處在經濟大環境中，當經濟環境處於不景氣時，很容易導致企業組織經營不善，故必要重新控制與調整生產與銷售目標、重新配置與運用資源，以及重新調整對待員工的福利措施等。

㈡政治情勢改變，有必要做多項的組織控制

　　組織的重要政治情勢改變，包括更換政黨執政、內閣改組、政策變更，乃至國際關係發生變化等。這些政治情勢的變遷對國內社會組織都構成重大的影響，致使組織原訂的目標及規則可能都需要改變或調整。組織也有必要在途中加以控制與調整，使其運作能合乎政治情勢，不使組織吃虧或受傷等。

㈢社會變動不安

　　社會環境變遷也會使組織遭遇困難，致使其需要經由控制組織的內部結構與行為，來減低其困難，或徹底解決其問題。因為社會動盪不安致使組織採取控制的措施，包括脫產、減低投資、減少經營規模等手段或辦法。

㈣國際情勢丕變

　　國家在國際間所處的地位若發生重大變化，必然會影響社會組織也必要更改或調整控制的行動。當台灣退出聯合國，以及與美國斷交時，不少家庭組織紛紛變賣房地產到國外置產，也有不少企業將經營地點遷移國外者，這期間甚至有移民公司之類的組織設立，並積極發展辦理移民業務等。

第四節　組織控制的方法與途徑

　　組織控制的方法與途徑很多，常見者有四大不同的類型，將之分析說明如下。

■一、調整目標

　　組織控制常見由調整目標來達成，而調整的要點包括下列三方面。

㈠縮小或擴大組織規模

　　當組織的規模過大，以致難以有效管理時，組織可能由縮小規模

來達到控制的效果。反之，當組織發現規模太小時，則可能由擴展規模來達成經濟規模，藉以減低經營成本或擴大經營效益的目的。

(二)更換跑道或產銷的項目

組織於發覺原來的產銷或經營項目難以繼續發展時，可能會更換跑道，或改變產銷項目，拋開虧本或難以經營的陰影，重新開創新的業務目標。如此可免於因為死守舊業而遭受損失。

(三)更改交易或互動對象或內容

有些組織的控制要點著重在更換交易或來往對象，以收改善與他人或其他較佳組織交易或互動的好處，免於受到舊有不良交易或互動對象的糾纏，藉機脫身並改善交易或互動條件。

■二、調整結構

組織控制的內容，除了調整目標之外，第二要項是調整組織的結構。可考慮調整的組織結構，包括下列五大要項。

(一)更改目標結構

此項更改目標結構的重要內容已如前述，包括更改組織規模、產銷項目、及交易或互動對象。經由更改結構，使新結構變為更加合乎實際，且更易發揮功能。

(二)更改行動標準與規則

組織結構的第二重要方面，是有關行動標準與規則方面，如果組織發現此方面的結構不當或不良，也應設法加以變更並改善。

(三)更改人事結構，如增減部門或層級的人員

人事結構關係組織功能的展現重大。組織視其實際情勢而必要加以調整。有些部門或層級的人員需要增加，但另些部門或層級的人員則需要減少。經由如此調整或更改，可使適當的事務或功能經由合適的部門及人員來克盡與完成，如此組織的效能必可改善。

㈣成員的選擇、訓練、淘汰與更新

組織成員的重新選擇、訓練、淘汰與更新，也是調整組織結構的另一重要途徑。經由此一途徑，組織應可獲得更佳的成員，並發揮更佳的效能。

㈤建立技術權威

此種結構調整包括設立新委員會，由專業者擔任主管，經由專業人員來運作管理，從事專業診斷，並對組織的缺陷加以補救。

■三、品質管制

品質管制是組織控制的另一重要方法。重要的品質管制途徑有如下兩項。

㈠加強品質檢驗

為加強品質檢驗，可由增加設置檢驗人力，提升其條件與品質，並且可增加及改善檢驗設備與技術。

㈡生產與檢驗分開的原則

為能加強品質檢驗，採取分開生產與檢驗也是重要的做法，如此做法可將生產責任與檢驗責任區隔，避免生產部門混水摸魚，以致未能遵守生產品質控制的理想。

■四、運用團體動態學原理於組織控制上

團體動態學的內容，包括對多種有關人際關係的促進與改善原理的研究。組織控制可經由使用團體動態學上的多種原理，來控制組織及其成員，可使成員更用心於組織功能的改善及組織的生存上。組織可應用的團體動態研究原理，包括溝通、學習、利誘、威脅及互動等來達成組織改進的效果。

第五節　組織控制的時機與類型

組織控制依其時機的不同可細分成三小類，分別述說如下。

一、事前控制

此種組織控制是指控制動作與行為必須在問題發生之前，尤其是指能經由投入設備、控制單位與人力來收控制目的。事前控制很重視經由在事前預測偏差行為的發生，以利能及時糾正。

二、事中控制

此種控制是指控制的行動，著重在組織運作業務的過程中進行。控制的目標在使組織活動正常化，以收組織活動的效率。

為能即時控制組織，有必要設定在期中要求受控制者提出期中報告。控制者則經由閱讀期中報告，從中發現弱點與錯誤，進而要求組織加以補強並改進。

三、事後控制

此種控制的方法著重在對於計畫成果作檢討，同時也進行矯正與改進檢討出來的毛病與問題。

第六節　控制的正反效果

組織控制可以同時發生正反效果。就正面效果或成效而言，本章在前面第二節討論有關組織控制的目的時，指出柏森思所提 AGIL 模式，可說是組織的重要正面效果。至於負面的效果，則有下列七點重要者。

一、過度控制會有不良反應

使組織分子有不良反應與印象的控制，包括獨裁、恐怖、使其缺

勤、冷漠、疏離與漠不關心等的控制手段或技能。

▌二、本位主義作祟

此種組織控制的負面效果還包括容易造成本位主義。譬如會太過於拘泥規範型式，自掃門前雪，不管他人瓦上霜。

▌三、使組織僵化

組織控制會導致組織的僵化及成員的被動性，此種僵化與被動性的缺點係因控制會形成被動之故。

▌四、形式主義

不少組織的控制行為表現得有點虛假，如規定在期末限時限日要提出報告，不少單位或組織成員為應付此種紙面作業乃在期末趕工。也有的是為了消化預算，以致形成浪費。台北市每到會計年度將結束，各處道路安全島不斷增修重建，結果浪費了不少預算與成本。

▌五、產生不確實的資料與數據

組織為了控制，常要參閱各種資料或數據。但是道高一尺、魔高一丈，被控制的部門常會製造一些假資料或假數據供控制者過目。

▌六、抗拒行為的發生

控制力若壓得太緊的結果，容易使被控制者發生反撲，甚至產生抗議與革命，此也為控制的另一種負面後果。

▌七、控制後續的不良動作

控制之後不一定完全都能如預期收到良好的結果。有時會使控制的關係破局，使控制者與被控制者之間形成不良的關係。

第七節　對組織控制反後果的化解

　　組織控制可能產生負功能。組織對於此種負功能有必要加以化解，究竟應如何去化解，是一項嚴肅且應該認真思考的問題。本節就若干可能的化解之道列舉之，並說明其細節如下。

▌一、體認問題，找出病根，對症下藥

　　要化解控制的負作用，首先應從瞭解問題做起。仔細體認問題的性質，找出產生負作用問題的原因，亦即是病根，進而提出解決問題的方法，亦即對症下藥。

▌二、使組織目標在組織分子心中內化

　　組織控制的負作用或負功能常是因為組織分子心中遺忘或違背了組織的目標。為能淡化及解除此種負作用或負功能，有必要再回顧加強組織分子對組織目標的記憶與信守。而要達到此種境界，則必須再度使組織目標深植到組織分子的內心中，亦即使其內化，使其能明記組織的目標，並以達成目標為其努力的重點。組織分子能努力達成目標，便可逐漸遠離違反目標的行徑。

▌三、糾正不當的組織行為

　　經過不當或過度的組織控制，可能引發傷及組織功能的行為發生。對於此種含有負功能作用的組織行為有必要加以糾正並撲滅。常見的不當組織行為，如組織分子企圖抵抗組織的管理者與控制者，不努力為目標做事以示反抗。對於這些反組織功能的負面組織行為，糾正的方法與程度則要視實情而定，對於情節較為輕微者，可用勸解加以糾正，但對於情節較為嚴重者，則有必要使用懲罰的辦法加以糾正。

四、對有歧見的組織分子加以溝通，使其互相諒解並能合作

　　組織控制的結果，可能使有些組織分子受到的壓力與害處較大，而較無法消受，致使其內心會對組織產生不滿與歧見。也有因為組織分子的忍受能力較弱，雖然受到的壓力與害處不大，但也無法忍受，以致會有歧見。對於因組織控制而產生歧見的組織分子，組織的化解辦法是儘量與之溝通，曉以大義，使其能相互瞭解，不再觸犯組織，或妨害組織正常運作功能。

五、激發員工的積極態度，再度創造期望與效能

　　經過控制之後，有些員工對組織會感受到壓力或缺乏人情味，而趨於消極的抵制或不支持，致使組織的功能消失。對此問題，組織的應對辦法是設法加以激勵，使其能再度創造對組織寄以期望，並為組織效命，使組織能再發揮效能。

第八節　組織控制研究重心的變遷

　　回顧過去社會組織學界對於組織控制的研究趨勢，約有兩大走向。不論是從研究內容的重心看或從研究方法的重心看，都可看出有變化的趨勢。就重要的變化情形，按時間的不同而加以區隔。

一、研究內容的變遷

　　組織控制的研究內容在三個不同階段，大致上可看出不同的情形，這種變遷的趨勢如下所述。

　　㈠在 1940-1950 年代，研究的內容著重在組織內部結構及過程與組織控制的關係上，此時期將組織結構視為是影響組織控制的重要變數，也將組織控制視為是組織過程的一環。學者在探討組織控制時，常與組織結構與過程一起加以探討。

　　㈡在 1960-1970 年代，研究組織控制時著重對組織與環境的互動

關係上。此種研究內容視組織控制的必要性主要受環境條件所引起，有效的控制方法，也從環境方面去尋找。此種研究傾向對組織控制與組織外部的關係加以密切注意。

　　㈢ 1980 年以後，將組織控制的研究視為社會大系統的一部分，這種研究觀點係將組織控制與組織內外的關係更加緊密連結。組織控制不是獨立的系統，而是大社會系統中的一環，故所持的觀點也更為複雜性，並且更具周延性。

■二、研究方法的變遷

　　組織控制的研究方法，在過去也與時俱變，重要的變遷趨勢，也可分三階段說明。

㈠早期重視組織個案研究的方法

　　在早期社會學研究統計方法較不發達，不少研究都從較易掌握的個案研究做起，由小窺大，經由對小範圍的研究而能知大範圍的真象，在組織控制的研究方法上也同樣具有此種性質。

㈡ 1970 年代以後，以互動關係為分析單位

　　隨著社會學研究對於社會互動的重視，有關組織控制的研究也趨向以研究社會互動為重要方法，從研究組織成員之間的社會互動，藉以瞭解組織出現的偏差與歪曲，也從中尋找需要糾正與控制的目標，以及有效的控制方法。以社會互動為研究的重要方法時，則分析社會互動的重要技術，必然也會被使用上。

㈢ 1990 年代以後，重視組織關係網絡以及調整方法的使用

　　到了 1990 年代以後，電腦技術突飛猛進，複雜的社會統計技術應運而生。故組織控制研究及一般的社會學研究也廣泛應用社會統計方法，而社會統計分析需要有多樣本或多個體資料做為基礎。有關控制的組織關係網絡分析及調查方法也應運而起。經由這些方法，研究者可收集多數量的樣本資料，更進一步做成複雜的統計分析。

第十章
組織的處理過程

第一節　意義與重要性

■一、意義

　　組織必須要處理事務，這種處理事務的經過稱為處理過程（trans-action process）。一個生產性的組織如工廠，其處理事務的主要內容是製造或加工。一個教育性的組織，其主要處理事務的過程是教育與學習。一個第三產業的組織，處理事務的主要過程是服務或娛樂。總之，不論是那一類的組織，在處理事務的過程中都必須運用腦力與體力，甚至動用人力以外的機械與設備等。

■二、重要性

　　組織的存在難免要處理事務，因為處理事務有下列幾項重要性。

㈠經過處理過程而使出功能

　　組織需要處理事務的重要理由之一，是經過此種過程而使出或展現功能，對組織中的個人、組織本身，以及社會產生貢獻。功能的性質與內容，視組織的性質及處理事務的內容與過程而定。

㈡經由處理過程而延展及擴大生命力

　　組織因處理事務而顯示其存在的生命，也經由此種過程而延展及擴大其生命力。如果一個組織缺乏處理事務的過程，表示其生命力已衰退、虛弱，乃至死亡終結。

㈢事實上每個組織都有經歷處理事務的過程，乃顯示此種過程的普遍性與重要性

　　不同組織其主要處理事務的過程各有不同的性質，有的為物理性、有的為機械性、有的則為生物性的或其他。經過處理的過程，有可能使其所處理的事與物變形或改變性質。一般都變得更有用途、更具意義，故此一過程亦被稱為轉換過程或執行過程。

第二節　投入過程

　　一個組織處理事務的過程約可分為三個階段，一為投入過程，二為處理或轉化的過程，三為產出的過程。這種處理過程是拿生產性組織來做典範與比喻的，其他非生產性的組織也都可用此三個不同的過程階段來說明其性質。有關第一個過程，亦即投入過程的若干重要內涵與性質，將之分別分析說明如下。

▉一、投入要素

　　組織處理任何事務在投入過程中，包含的要素約有下列數項。

㈠人力

　　組織處理事務必然要投入人力要素。人力要素包含智力或腦力及體力。在算計或評論人力要素時，數量與品質是兩項重要的概念。

㈡原料

　　組織要處理事務，也常要投入原料，投入原料的內涵與性質，視製造或處理的性質而定。生產性的組織所要投入的原料都很具體，種類也很多。非生產性的組織，所要投入的原料，有的較為抽象，有時可能不是物質原料，而是非物質的思想、觀念或計畫等。這些原料等都成為組織要處理事務所不可或缺的投入要素。

㈢設施

　　組織投入的要素中常免不了包含設施。工廠組織的廠房與機械、學校組織的校舍與實驗設備、農場組織的各項農業機械或農具、辦公室的桌椅、電腦及電話等，都是重要的設施，缺乏這些設施要素，組織無法運作，也無法處理事務，既不能生產，也不能有效克盡功能。

㈣財力

　　財力是社會組織處理任何事務所不可缺乏的要素之一。組織用人

需要付費，購買原料需要花錢，加添設備也需要錢。組織財力的大小影響其處理事務的能力及格局至鉅，故財力為其處理事務的一項要素。

(五)計畫

對於任何社會組織而言，計畫是其處理事務過程的另一項投入要素。此項要素較為抽象，但卻非有不可。沒有計畫，組織不知往何方向動作，也不知如何處理事務。計畫中最重要的細項是目標及達成目標的方法。

(六)技術

技術是現代社會組織的另一項投入要素。越是有關科技性的組織，技術因素所占的地位越重要，對組織的影響與貢獻也越大。組織所需要的技術常離不開生產技術；此外，做事的技術、成員待人的技術等也很重要。

(七)制度

組織的制度是有關其處理事務的規矩與方法，因而也會直接影響組織處理事務的行為及成效，故也是其投入要素之一。組織制度在組織處理事務的過程中，所處的要素角色雖是較隱含性與間接性，但仍不容忽視。

■二、人力投入因素的性質

對於處理事務過程中的第一要素人力，可從數個不同的角度與方面來加以瞭解其性質及重要性。

(一)體力或勞力投入

組織所投入的人力要素，常是以體力或勞力的方式投入者。投入體力與勞力來處理事務的過程中，主要的作用與功能是操作組織活動與運作所必要的力量。組織運用體力與勞力來從事生產工作及維護事務。不少組織在處理事務的過程中，需要使用許多的體力或勞力。工廠生產需要工人運用體力來操作機械、搬運物品，以及清除廢料等。

㈡腦力或管理能力

人力要素除勞力與體力外，腦力與管理能力更為可貴。組織在處理事務的過程中，需要運用腦力與管理能力來指揮勞力。腦力與管理能力運用在計畫、安排分工、指揮工作、評估成效及糾正錯誤等工作上。缺乏腦力與管理能力，則勞力的運作可能會有誤差而枉然無效。

㈢不同組織分子的人力特性不同

不同組織分子因為年齡、性別、教育程度、技能與職位不同，其能發揮的體力與智力的程度不同，其能克盡的功能也有不同。

㈣人力要素有助也有礙組織的處理過程

人力要素作為資源時，對組織處理事務的過程是有正面的助力。但是人力要素有可能成為妨礙組織處理事務過程中的負面力量，如其從中扯後腿，或暗中破壞或阻撓。

▌三、原料的投入

組織原料的投入依組織主要功能的不同而有差別，一般生產製造業組織所投入的原料都為物質原料。如塑膠工廠所投入的原料為塑膠原料、鍊鋼工廠所投入的原料為礦砂、食品加工廠所投入的原料則為各種食品，如水果或肉類等。但是非生產製造性的組織，投入的原料則可能包括非物質性各式各樣的原料，如劇團組織所投入的重要原料是戲劇節目、學術會議之類組織所投入的重要原料則為研究論文。總之，組織的性質與功能不同，所需要投入的主要原料亦不同。

▌四、設施的投入

各種組織要能展開活動，都需要投入設施。各種設施的分類，有屬傳統的、也有屬於現代的；有的是組織自有的、但有的是借用的。各種組織的設施，也有充足與否的不同情形。

就以學校組織為例，重要的設施投入有教室、研究室、圖書館、體育館、及辦公室等。展覽館或陳列館組織的設施投入，則除了館的

建築物外，也必須要投入各種展覽品或陳列品的設施，這些設施投入可能包括照片、圖畫、其他陳列品或展示樣品等。

■五、財力投入

組織財力投入主要是指金錢、預算、資金等。此項投入的關鍵要點在於有無及多少、來源如何，以及其限制性等。

組織財力的有無，關係組織成敗至鉅。多半的組織要辦事與展現功能，都要有財力基礎。就以企業組織言，其主要目標在營利賺錢，故也需要有較雄厚的財力做為基礎。

不同性質的組織需要投入財力的數量不等。有些組織需要的財力數量較多，另些組織需求的財力數量則較少。有些組織的財力來源較為充裕，但另些組織的財力來源則較有限制或困難。不同的財力條件與其來源的性質有很密切的關係。一般公營性或政府的組織，財力來源都較不缺乏，因有政府的稅收等資源作為後盾，但民間的組織則常會發生捉襟見肘的限制或困難。

■六、計畫的投入

㈠意義與種類

組織的計畫也常是使組織處理事務的一項重要投入要素。組織要如何處理事務，都藏在計畫書中，較正式的組織要處理事務時，都要按照計畫行事，亦即要將計畫投入處理的過程中。組織所投入的計畫，有的只以口頭交代或說明，有的則作成較正式的書面性計畫藍圖。

㈡提出者

提出計畫者有的是組織內部的領袖或管理者，有的則是外界的專家或相關人士，經受委託或自動而提出者。

㈢內容

組織處理事務時，所投入計畫的內容主要包括目標、實施細節、實施方法、完成期限、及預期成果等。組織按計畫行事，便能達到目

標，獲得成果。

▌七、技術的投入

　　組織處理事務必須投入技術。因組織性質與功能不同，所投入的技術種類也不同，有屬機械的技術、化學的技術、生物的技術、及社會的技術等。以上這些技術都屬單項的，也有技術是屬多種的或混合的技術。對於組織所投入的技術因素，在衡量或評定時所重視的指標主要是水準或品質。

▌八、制度的投入

　　組織在處理事務過程中，所投入的要素難免也包括制度一項。制度的屬性有的是正面的鼓勵性，也有的是負面的限制性。依制度辦事，組織處理過程便能較順利進行。

第三節　處理過程

　　有關組織處理事務過程的細節，可分下列幾點說明。

▌一、處理的種類

　　依照組織的功能及其他性質的不同，組織處理過程的內容也有不同，常見的重要處理過程包括生產、運銷、集會活動、檢驗及討論等。生產與運銷過程最常發生於經濟性的組織，集會活動則常見於社會性的組織，檢驗則較常見於技術性的組織，討論則最常見於學術性的組織。經由這些處理過程，組織乃有處理的成果或產出。

▌二、影響因素

　　組織的處理過程是好或壞，受兩種因素的影響甚深，一為執行因素，二為管理因素。執行者的認真程度、學識能力、技術水準及行事風格等，對於處理過程的好壞、效果都會有直接的影響。同樣的事，由不同的人執行，結果會不一樣。

　　除了執行者以外，管理者對於處理過程的進行與後果也有很大的影響，因為管理者對於執行過程負有監督、矯正、輔導等職責，對於執行的過程與後果都會有影響。組織的管理者與執行者有的是相同的人，但也常是不相同的人。不相同的情形是上層的管理者負責管理監督下層的執行者。

三、處理的程度

　　組織處理事務的程度，有從無中生有到將所有的事務加以破壞清除等不同的情形與程度。其中包括創造、製造、加工、改造、改革、廢除、清理等各種不同情形或程度。這些不同的處理情形或程度，也牽涉到處理的難易、成本多少、以及結果式樣等的差異性。

四、按計畫處理

　　一般組織在處理事務的過程中都先做好計畫，再按計畫處理或行事。計畫的內容如前所述，包括目標、實施方法與步驟、投入要素、時間進度、分工合作，與預期成效等。有計畫的處理都能較為順利，無計畫的處理過程會較無頭緒，也較為混亂。

　　處理過程的計畫可能由組織的管理者來著手，也可能聘任組織外的專家來完成。不論由誰完成，好的計畫需要實際、省成本，並於實施之後，能有良好的結果或績效。

第四節　產出過程

一、程序

　　常態的組織，經由投入要素，再經處理過程之後，就會有產出（output）。經投入處理，而後產出，乃完成一個完全的循環或程序。

二、產出的兩大轉變類型

　　組織的投入要素經過處理之後，所產出的事務與原來投入要素比

較都有改變。改變的型式有兩種，一為形變，另一為質變。形變並未變質，但質變多半也都改變形狀。將布裁製成衣服表示形變，將葡萄釀造成酒則是一種質變。形變是屬物理變化，質變則是一種化學變化。各種組織的功能不同，裝置的設備不同，故經處理後的變化也會有不同。

■三、組織產出的類型或方式

社會上的組織有多種，其產出的類型或方式各有不同，將重要的產出類型或方式，列舉並說明如下。

㈠產業組織的產出為生產品或加工品

產業性組織的產出都為生產品或加工品，農場組織的產出為農產品，工廠組織的產出則為工業產品，農業加工廠及工業加工廠的主要產出則分別為農產加工品及工業加工品。

㈡經建組織的產出為經濟發展

社會中存在不少從事或促進經濟建設的組織，這些組織有公立或公營的，也有私立或私營的。前者包括政府的經建行政組織及公營事業組織或團體。後者則包含各種各樣的經濟性組織或團體。這些組織的主要產出都為促進經濟發展，雖然也有些組織的功能不張、變質或走樣，不但對促進經濟發展無益，且反而會有妨礙經濟發展的情形，此種情形有的為無心之過，有的是違反社會規範而設立者，成為例外的情況。

㈢社會改造

不少社會改革性的組織，其產出不是物質產品，而是社會改造。包括改進社會的風氣、規範、精神倫理，或促進社會關係的和諧、解決社會上的糾紛與衝突等。法院、調解委員會的組織、道德促進會、社會發展團體與機構等都屬此類的組織，其產出也都是社會改造或社會進步性的。

㈣政治改革

政治性的組織，常以政治改革為主要的動機與目標，其處理與運作後的產出常是政治的改革或進步。這種組織包括政黨組織、政治性學術研究團體，或其他的政治組織等。

㈤技藝增進

社會上也有技藝性的組織，以增進技藝的進步為宗旨或目標。此種組織處理事務與運作的結果，是可增進參與者個人以及社會的相關技術，包括製作性的技藝以及表演性的技藝等。前者如製作陶藝、瓷器、玉器、銅器、鐵器等各種不同質材所製造的產品，後者如以歌唱、演奏、手藝表演、或類似運動性的技藝等。

㈥服務改善

社會上的組織不少是以發揮服務為目的者，其主要產出都為服務性的。不少慈善團體或組織、義務工作性的團體或組織、救助性的團體或組織，都是廣義的服務性團體或組織，其服務的結果即是其產出。主要的產出是可改善各種服務。

㈦事情的成敗或功過

有些社會組織所處理的事務是較為抽象的事，而非較具體的物，例如排難解紛、聚眾抗爭、或分工合作等。此種組織處理事務的後果是以成敗或功過論產出。

㈧某種造因的影響或後果

有些組織需要去考慮或注意其產出者，是某種特殊造因的影響或後果。例如對於增資後企業組織的影響與產出的計算，對於遷址後服務性組織業務的增減。對於學校改變教員的升等辦法後，對教員努力或流失的影響或後果等。

第五節　農村基層組織產出的範例

　　台灣的社會組織種類很多，各種組織處理事務後產出的型態各有不同。本節就以農村基層農民組織為例，說明其處理事務後的各種產出型態或性質。

▌一、改善農產業的發展

　　農村基層組織中有一項很重要者稱為農業共同經營班，經由此種組織的處理與運作過程，約可達成七項重要成果，亦即可獲七項重要的產出。㈠成員以自己的資源之長，補他人資源之短，㈡共同購買及使用較大型農機具及農用品以降低成本，㈢擴大農場規模，使土地可作較有效及較經濟利用，㈣配合共同運銷，提高產品的品質、售價及收益，㈤班員間互相觀摩切磋，藉以改進經營技術，㈥適應政府之政策，便於獲得資金等生產資源的援助，㈦建立產品品牌、改善銷路等。這些農業經營成果可能經由農民組成的共同經營班、共同運銷班，或共同作業班等之類的基層組織的處理或運作過程而達成。

▌二、發展社區的實質條件或社會條件

　　有些農民基層組織的宗旨不以改善農業生產或經營為主要目標，而以發展社區、服務社會為主要目標。如社區理事會或社區發展委員會之類的組織即是。此類組織經過投入人力、能力、財力之後，再經計畫討論行動等處理過程，而後可獲得社區實質面或社會面的建設與發展等產出或成果。重要的實質建設可能包括住宅更新、道路拓寬、路面改善、排水溝的清理、路燈的裝設、路樹的栽植、活動中心的建造、圖書館的設立，或廟宇的修建等。此類組織的重要產出還可能包括促進社區社會條件的改進，如增進村人和諧的關係、促進合作精神、阻止或化解社會紛爭與衝突、建立良好的社會風氣，以及樂於助人等。

■三、發展技藝才能增進生活情趣

農村基層組織中也有屬於休閒娛樂類者,如老人會、歌唱班、才藝班等。這類組織經由投入處理的過程後,主要的產出包括特殊才藝的發展及生活情趣的增進。歌唱班的設立及演練,可造就優秀的歌唱人才。由打鼓敲鑼與打拳比武等組織或團體,也可能造就這些方面的技藝或運動好手。此外也能夠滿足成員的心理需求,達成心理上的舒暢、歡快與快樂的產出成果。

■四、服務他人造福鄉里

農村基層組織中其宗旨屬於社會服務之類者,經過努力工作等處理過程之後,重要的產出是一些組織內外的人獲得服務,整個鄉里也可獲得服務及保護的好處。例如四健會組織的環保活動即可使社會的環境條件獲得改善,包括清潔空氣、道路、水溝及活動中心等公共場所的環境等。

第十一章
組織氣候

第一節　組織氣候的意義及研究的重要性

■一、意義

　　氣候（climate）的意義一般是指天氣的陰晴、風雨、霜雪、氣溫高低等。組織氣候（organizational climate）則是指組織環境的陰晴、風雨、霜雪及氣溫等情況，給人的感覺會舒服與否、溫暖與否、融洽與否與支持與否等的差別。此種氣候既代表組織客觀性的個性，但也與心理特質、文化、結構、政策及規則等有關，一般都具有給人主觀感受的含義。

■二、研究的重要性

　　組織氣候在社會組織原理上，具有研究的價值，主要是此項變數內容複雜多端，具有值得研究的空間，此外因此項變數對於社會組織及組織內的個人都具有可觀的影響或作用，也會受多種組織內外要素所影響，故其重要性可從三大方面加以討論與觀察。

㈠具有複雜多端的性質，故有廣闊的研究空間

　　組織氣候的研究之所以重要，首因其具有複雜多端的特質，故有廣闊的研究空間。一來此種變數可細分成很多細項，二來其具有影響組織的許多其他方面或變數的作用，第三也因其會受其他組織因素或外界因素的影響而有所差別及變化。第四，衡量組織氣候的指標也不簡單。

　　組織氣候的複雜與繁多的性質，包括前面所說定義的多種含義在內。它具有主觀的感受性質，也具有客觀的事實性質。

㈡對組織具有多種影響力或影響的角色

　　組織氣候作為自變數，可影響組織的許多方面，重要者可影響組織分子個人的行為與成效，此外也會影響整個組織或團體的結構及成效等。

㈢作為應變數則會受到多種組織要素所影響

　　影響組織氣候的要素很多，包括個人行為、組織規模、組織結構、組織過程、組織體系的複雜性、領導力型態及目標取向等。

第二節　組織氣候的面向或測量指標（scale）

　　組織社會學家瓦特斯（Waters L. K.）參考過去的研究，共列舉二十二項組織氣候的面向，也是其測量指標（Dessler, 1976, 188-189頁）。這些面向或指標都可分別表現組織氣候的某一方面。將各種組織氣候的面向及指標列舉如下。

一、鬆懈（disengagement）

　　此一面向或指標是指組織或團體在運作中，有鬆懈自如的情況，並非如齒輪般被綁在目標中。

二、妨礙或阻擋（hindrance）

　　指組織分子常感到被組織例行的規則所束綁之意。

三、激勵（espirit）

　　指組織成員的士氣情況，能感受滿足及需求，並能享受組織的成效。

四、親密感（intimacy）

　　指組織成員能享受親密的友誼。

五、疏離（aloofness）

　　因管理太正式化、無人情味，使部屬與主管之間有情感上的差距。

■六、著重生產（production emphasis）

是指指導性的管理行為或太高度命令，對於溝通的回應不夠敏感。

■七、信任（trust）

指管理行為著重目標取向，乃能獲得成員的喜歡與信任。

■八、體貼（consideration）

寬厚對待組織成員之意。

■九、結構（structure）

成員對組織的規則感到受到限制。

■十、責任（responsibility）

對自己所做事情負責的信念。

■十一、報酬（reward）

對做好事情可獲報酬的感覺，以及對報酬公平性的認識。

■十二、危險（risk）

指對工作與組織的危機感與挑戰意識，以及對行為應冒險或應安全為之的感受。

■十三、溫暖（warmth）

指對團體或組織中，友誼氣氛的感受。

■十四、支持（support）

指組織中，上下關係的互相支持，如主管支持部屬及部屬支持主管的認知。

■十五、標準（standards）

指對隱含或外顯目標及成就標準重要性的認知。

■十六、衝突（conflict）

指對不同意見的聽取與接納情形。

■十七、認同（identity）

指對作為組織成員，並成為有價值一分子的感受。

■十八、衝突與不一致性（conflict and inconsistency）

指對有關成效的政策、過程、標準與方向的不一致程度。

■十九、正式性（formalization）

指實施政策及盡職位責任的正式性表示程度。

■二十、計畫的適當性（adequacy of planning）

指計畫對達成工作目的的正確性認定。

■二十一、依能力及成效所做的選擇（selection based on ability and performance）

選擇的標準是依據能力與成效的程度，而不是依據政治、性格及教育成績。

■二十二、對錯誤的忍受（tolerance of error）

指將錯誤作為是可支持性或可從中學習的目標，而不是作為威脅性、處罰性或盲目性的標的物。

　　上述是瓦特斯所列舉的組織氣候的指標種類很多，意思表示組織氣候可從多方面去認識與瞭解。李特文（Litwin）及史俊格（Stringer）

（1966）則僅選取六項組織氣候的面向（climate dimension），分析其與組織領導型態的相關性。他們所選取的六項重要組織氣候的面向是㈠結構（structure），㈡標準與責任（standards and responsibility），㈢報酬與處罰（reward and punishment），㈣溫暖與支持（warmth and support），㈤合作與衝突（cooperation and conflict），㈥危險及介入（risk and involvement）。此六項組織氣候指標被 Litwin 及 Stringer 選擇作為重要面向或項目加以研究，可見是很常見也較容易被感受者。

　　此外史奈德（Schneider）及巴雷特（Bartlett）研究兩個保險公司業務部門的組織氣候，發現下列六個要素相當重要。即㈠管理上的支持（managerial support），㈡管理上的結構（managerial structure），㈢對新員工的關懷（concern for new employees），㈣內部的衝突（intra-agency conflict），㈤自立性（independence），㈥整體的滿足（overall satisfaction）。（Gibson, 1979，529 頁）

第三節　影響組織氣候的因素

　　過去的研究曾發現若干影響組織氣候的要素。格利德斯勒（Gary Dessler）在其所著《組織與管理》（*Organization and management*）一書中指出，重要的影響因素可歸納成七種，即技術（technology）、組織結構（organizational structure）、社會結構（social structure）、領導力（leadership）、管理的假設與實際（management assumptions and practices）、決策過程（decision-making process），及成員的需求（needs of members）等，Dessler 所列舉的各種因素係指組織系統內的因素。事實上組織氣候也會受組織系統外的環境情勢與條件所影響。而組織內的因素還可再作較系統的歸納與整理。本節就再整理歸納後的因素分為個人因素、組織因素及組織外的因素等三項，將之列舉說明其性質及其對組織氣候的影響如下。

一、個人的因素

　　組織內的個人因素，包括一般組織分子及領導者或管理者的個人

心理及行為條件與性質等對於組織氣候都會有影響。關於領導者與管理者的個人因素及其影響將於領導與管理因素部分說明，在此只對一般組織成員的個人因素及其影響加以分析。

　　組織成員的個人因素隨其外在條件的不同，如體形、外貌、年齡、性別、教育程度、行職業、收入等因素而會影響其內心的態度、認知、人格、價值觀、動機、需求，而後再影響其與組織的互動，因而會影響組織氣候的運作與變化，及其對組織氣候的感受，其中的影響是相當複雜曲折的。

(一)態度的因素

　　一般性情態度善良溫和的人與他人及組織的互動必會和善有禮，有助組織建立或維持健康和平的氣候，這些人也較能感受與欣賞組織的良好氣候。

(二)認知的因素

　　在認知上比較能為他人及組織著想，而不強求他人及組織為我服務與效勞的人，也較能與組織及組織內的他人和平相處，較能善待他人並能受他人的歡迎與愛戴。如果組織成員中多些這種認知的人，組織的氣候必會和樂融融，使人珍惜懷念。反之，如果組織中個人的認知，都將組織視為己有，心目中無他人的存在，唯我獨尊，勢必不會尊重他人。終會影響組織氣候陰霾昏暗，自己也不會有好的感受，組織也不會有好成果。

(三)人格的因素

　　個人的人格式樣複雜、變化多端。人格性質不同的人，行事風格各異，對待他人與組織的表現也會不同。人格健全又能尊重他人的人，在組織中的表現定能較為客氣禮讓，對於組織的氣候必有加分的作用。否則如果人格怪異、蠻橫無禮，常會鬧得組織或團體不得安寧，對於組織氣候的改善很難有所幫助。普利恰勒卡拉西克（Pritchard B. Karasick）的研究指出，人格與需求對組織氣候的認知有影響（Dessler, 1976，195 頁）。

㈣價值觀的因素

個人價值觀的範圍廣闊，對任何事務都可有其價值觀，但為人最基本的價值觀是人生究竟為何而來，既來到世上究竟應做什麼模樣的人，究竟應持何種價值觀念來為人處事。不同的人價值觀念必會不同，如果組織中多一些價值觀較能豁然達觀，樂於與人為善，不因私益而強人所難的人，則組織的氣候必可較為晴朗美好，個人處在其中也可感受到溫馨與可愛。

㈤動機的因素

人的動機是其行為的主要驅使力，而動機的變化無窮，對行為變化的影響也很大。而個人在組織中的重要動機，則有兩種重要不同型態，對組織氣候的影響最大，一種是為組織做好事的動機，另一種是榨取組織的動機。前項動機有助組織的成長發展，使組織能獲得利益，也有利培養組織良好氣候的形成；後者動機則易使組織搞得烏煙瘴氣，氣候惡劣不良。

㈥需求的因素

人的需求有多有少，對不同事務的需求也多式多樣，對組織及內部他人的需求也各有不同。組織分子若求人太多，求己太少，對組織氣候的改善無益。反之，若組織分子普遍能求人較少，求己較多，對組織會有較多貢獻，也有助組織氣候的改進與提升。

■二、組織的因素

組織的結構、功能、過程，也是影響組織氣候的重要因素。此類因素可細分成結構因素及功能因素兩大方面，將其性質及對組織氣候的影響扼要說明如下。

㈠結構因素

組織的結構可分為兩個層次，一為整個組織的結構，如組織所包含的層級及部門。另一為組織中個體的結構層次，如個人的工作項目

及生活內容與品質等,這些結構因素對於組織氣候都會有影響。例如整個組織包含的層級及部門太多時,表示其結構複雜,可能影響社會關係較正式化,個人對組織較有疏離感,且個人的目標取向也較被動性,以致影響管理的型態也較非人性化。反之,如果層級與部門均少,表示其結構單純。個別分子之間都相互認識熟悉,關係較非正式,也較親近。

又如組織中個人的工作種類與生活內容較為少樣,也較單純,個人對之較可輕易掌握,組織氣候也會較為輕鬆如意。否則如果個人的工作種類多樣又複雜且困難,生活內容與方式也較複雜,則可能影響其處事態度趨於煩燥,組織氣候乃會有較多亂象。

國外的研究者指出,正式結構如分工、溝通型態及政策與步驟等,都會影響組織成員對組織氣候的認知。喬治(George)及畢碩柏(Bishop)的研究指出,科層結構影響組織成員感受,組織的氣候較封閉及較緊縮。反之,較少科層性的結構,則使組織成員感受到較少焦慮,較能信任及較開放(Dessler, 1976,194-195 頁)。

(二)功能因素

組織的功能是指其所做之事,或所完成的目標與任務。這種因素必然也會影響組織的氣候。如果組織所做之事,或所完成的目標與任務是較為輕鬆愉快者,通常組織的氣候也必然會較和諧與歡樂。反之,如果組織所做之事,或所完成的目標與任務是較為嚴肅,且較為困難者,則組織的氣候必會較為陰暗與模糊。

(三)組織的領導或管理因素

組織的領導者或管理者是組織的關鍵人物,掌控整個組織,也對組織的各方面都具有相當決定性的影響。如果領導者與管理者能善解人意,關懷部屬,則必能使組織的氣候融洽平順。反之,如果領導者及管理者驕傲蠻橫,則整個組織的氣候必會發生陰雨與雷電,個人處在其間,也不會感到愉快與滿足。

㈣組織的過程因素

組織的過程可從多個體系加以注目與衡量。一般重要的過程至少包括設定目標、執行計畫、溝通協調、獲取報酬，及評估成果等。在這些過程中的每一階段，組織的做法或行動性質都會不同，對組織的氣候也會有不同的影響與回應。

■三、組織外的因素

組織外的特殊性社會因素，包括組織的政策及政治因素、經濟條件的榮枯與盛衰、技術水準、工會組織等，對於組織氣候也會有明顯的影響。

第四節　組織氣候的改變

一個組織的氣候並非固定不變，而是可能因時改變。各種影響因素改變時，組織氣候的內容也可能隨之改變。在各種影響因素中較可能改變，以致影響組織氣候會有較大改變者，約有下列諸項。

■一、管理階層更換，作風改變，影響組織氣候也改變

組織的管理階層更換改變的可能性極大。不少組織的管理者都有任期制，任期屆滿即更換主管等最高管理者或領導者。所謂「新官上任三把火」，新管理者都會展現新作風，以新的觀念、新的態度帶領部屬處理組織事務。新的領導風格或管理方法，必會影響組織氣候改變。「無為而治」的新領導與新管理風格，部屬會感到輕鬆愉快，但也可能養成混水摸魚的壞習慣或壞風氣；反之，「事必躬親」的新管理方法或新領導作風，則會使部屬感到戰戰兢兢，不敢懈怠，容易感受到壓力與緊張，終會陷入厭倦與崩潰。

另有一種常見的領導或管理風格的改變，以致影響組織氣候有明顯改變的情形，是「由鐵面無私」的強硬領導或管理，變為「溫和懷柔」的領導或管理作風；或正好持相反的改變方向。鐵面無私的領

導，容易維持紀律，使組織分子感到公私分明，而願意遵守規則，但也會感受到缺乏情感，只能以公事公辦的態度來應對，不願多輸進額外的投入或效勞。「溫和懷柔」的管理與領導作風，容易使組織分子感到人情與溫馨的氣候，但也可能會覺得缺乏魄力與決斷，對組織缺乏信心。

二、組織分子關係的改變，會影響組織或團體的精神及個別角色的責任感也為之改變

　　組織氣候的另一項重要改變的現象，是組織分子的關係為之改變，導致整個團體的精神及個別角色的責任感也為之改變。組織分子關係改變的原因並不單純，領導或管理作風的改變可能導致組織分子關係改變。部分組織分子行為態度突變，也可能導致組織分子關係起重大改變。也有因為組織績效有明顯的改變，或不可預期的外力因素的刺激影響，而可能導致組織分子關係及組織氣候的改變。

　　個人在組織中感受到氣候的好壞，組織分子間的關係常是很重要的因素。同事或同僚的關係良好，個別分子便能身心愉快、樂於與人合作、發揮團隊精神，也樂於嚴守本分，演好角色，並負責任。但是，如果組織分子之間的關係不良，很容易影響個人離心離德，不願對組織賣力，個人也失去演好角色及克盡功能的熱情與動機，終究整個組織的成效也難看好。

三、由於組織分子對組織的衰退與無能而失望，以致渴望改變組織氣候，重振生氣與雄風

　　另一種有關組織氣候的改變，是由於原來的組織陷於無能與衰退的情勢與局面，致使組織分子對之感到失望，乃渴望能改變組織氣候，重振組織的生氣與雄風。組織遇此情勢，若能知所警惕、奮發圖強，必可重新營造積極努力的氣候，使組織重現活力與生氣，重振舊日的光芒。

第五節　組織氣候的影響或後果

　　組織氣候是組織性質與條件的一部分，既可為組織的應變數，受許多其他的組織條件所影響，也可為組織的自變數，影響組織的許多其他方面的條件與性質。本章第三節已述說過影響組織氣候的因素，本節則對組織氣候的影響與後果，加以分析與說明。重要的影響與後果，可分成對個人的影響與後果，及對組織的影響與後果兩大方面加以論述與說明。就此對兩大方面的影響與後果詳述如下。

■一、對組織中個人的影響與後果

　　組織的氣候對組織分子間的關係，組織分子與領導者或管理者之間親疏遠近的關係，組織分子對組織氣氛的看法或感受，及對個人的心理態度與行為表現等會有所影響。良好的氣候影響組織中的個人樂於設立一個長遠穩定的目標，作為努力的方針。個人生活及工作在組織中必有較高的動機及創造力，可以較容易獲得如意或滿足。其工作機會也會較好，工作品質也較佳。個人在組織中的成效，也必會較為良好。

■二、對於組織的影響與後果

　　組織氣候對組織的影響，重要者包括兩大項，一為組織的結構，二為組織的成效。就此兩方面的影響扼要說明如下。

(一)對組織結構的影響

　　組織氣候會影響組織結構的調整與改變，從積極方面看，可因順應組織的需求而更改組織的規模、層級，乃至調整組織部門的關係。從消極方面看，則可能為了避免組織產生或形成不良的氣候，而經由調整或改變組織的上下層級間及水平單位間的關係，及空間分布等結構形式。常見組織為了緩和緊張與衝突的關係與氣候，而調整管理權力結構的情形，包括更換行為較為極端的領袖或主管。也有為了促進

組織與外界關係與氣氛變為較熱絡融洽，乃在組織中安排設置公共關係部門的情形。

㈡對組織成效的影響

　　組織氣候對於組織的成效必會有影響。氣候良好，成員向心力強，互助合作程度高，工作效率也可以較高，成效也可能較好，成員的滿意度也較高。過去美國社會學者中，曾作過研究並證實組織分子對組織氣候看法，對其工作滿足與成效有影響的學者有多人，包括Cawsey, Friedlander 及 Margulies, Lyon and Ivancevich, Frederickson, Kaczka 及 Kirk 等人（Dessler, 1976，頁 189-190）。

　　另外有學者研究組織的不同氣候對於組織成效會有不同影響，或組織氣候會受其他變數影響後再影響組織成效。美國學者李克特（Likert）指出四種組織管理系統，代表四種不同的組織氣候，影響組織的成效不同。李氏所指的四種管理系統是㈠剝削式權威性（exploitive authoritative），㈡仁慈的權威性（benevolent authoritative），㈢磋商性（consultative），㈣參與性團體（participative group）。這四種管理系統分別是基於對部屬的不同信任態度與信心，也分別代表四種不同的組織氣候，其中第一種類型表示主管對部屬缺乏自信與信任，主管與部屬間少有溝通，主管常使用威脅、懲罰與不尊重的方式來對待部屬，組織的權力相當集中，決策也由上層決定。反之，第四種管理系統是一種高度信任、有自信、參與性高的管理方式，主管與部屬間有充分互動，向上向下及側面都能溝通。此種管理方式是最佳的管理模式，最有效率，成員也最能滿足。韓德（Hand）的研究也證實在第四種管理模式下，或在此種組織氣候下，組織的成效也較佳。重要的良好成效包括在此種組織氣候下生產力較佳、較低生產成本、員工較少更換、員工有較高工作動機。持有此種研究結果的學者還有Marrow、Watson、Litwin 及 Stringer 等人。（Dessler, 1976，第 191 頁）。

第六節　組織氣候的案例

　　社會中存在的組織很多，但組織分子相處時間越久者，越能體會出組織氣候。本來家庭分子之間相處時間算是相當長久的，應能深刻體會組織氣候，但因近來家庭都是小規模型態，家庭分子較少能體會組織氣候的複雜性。社會中組織分子相處較久，規模也較大，成員之間能深深體會組織複雜氣候的重要案例有兩種，一種是辦公室的組織，另一種是醫院的組織。就此兩種組織氣候的性質分析說明如下。

■一、辦公室組織的氣候

　　社會上存在的辦公室種類很多，政府機關內相同等級又是同一部門的工作人員常在一個辦公室內工作。企業機關相同部門的人員也常在同一辦公室內工作。對於辦公室內氣候的感受要點，主要在於人情的冷暖及人心的善惡方面。氣候溫暖的辦公室，同事間常會彼此關懷，噓寒問暖，談些家中趣事，讓同事分享。同事家中有喜事，大家送紅包，相互慶祝；有喪事，則送白包，相互安慰；同事生病住院時相互探望。同一辦公室內的好同事，有事時也可以相互照應，如代班或輪休等。午休時間一起吃午飯，下班時間則一起逛街採購，甚至一起休閒旅遊。

　　經過週末假日之後，恢復上班工作，大家重新見面，高興欣喜。如果假日太長，多日不見，反而覺得寂寞無聊。氣候良好的同事之間，可能成為終生的知心好友。退休之後，不能經常見面，會覺得寂寞可惜。

　　反之，有些組織氣候不佳的辦公室，同事之間相互勾心鬥角，相互猜忌，互不信任，在背後互說閒話。這種辦公室的氣候，少有笑聲與歡樂，同事上班時也不會很高興，最多只將辦公室作為賺錢謀生的地點，無法進一步感受到是一個溫暖可愛的地方。

▌二、醫院的氣候

　　醫院也是一個普通存在的社會組織，是不少人必須前往看病的地方。此種組織的氣候與辦公室氣候的最大不同點，是辦公室的人都是長期工作在一起的同事伙伴，醫院的人群除了內部的同事以外，還有外來的患者，故形成與製造氣候的人，除了內部的醫師、護士、管理人員之外，還有外來的患者，也都扮演重要的角色，且會成為醫院內部同事間關係與醫院氣候的重要關係者或干擾者。在此特別就患者對醫院氣候的影響加以觀察與說明。

　　影響醫院氣候的患者因素，包括數量的多少及品質。此與醫院本身的條件又有密切的關係。小診所的患者，數量一般都較少，鄉下的小醫院，有者生意較差，常會發生由計程車拉搶患者的奇怪作風與氣候。大醫院的患者數量則較多，看病的種類也較多元，又常分為門診、住院、體檢，甚至還包括教學等多種功能與角色。患者對於大醫院的信任度通常都較高，對於醫院也都較為信任與敬重。然而大醫院的患者多，患者在等候看診時也都較容易表現煩燥與不耐。在聲望較高的大醫院，患者要住院常需要排隊等病床，有時病床又不是很容易空得出來，乃會引起病人的怨言。

　　醫院普通門診部門的氣候，一般看來都能平靜和諧，因為患者必須要依賴醫生及護士，且在看病與治病時，人的體能都虛弱，精神也都較低沈，故少見有患者在醫院發脾氣吵鬧的情形。但在醫院的急診部門，因為多數的情況都較為緊急，故氣候都較緊張，有時也會見有秩序混亂失控的情況。

　　另一種常見的醫院氣候是在危急的病房中，氣候會很傷痛凝重，家屬很擔心病人的安危，嚴重者有隨時準備後事的情形。

　　過去不少研究醫院組織氣候課題的案例，都將重點放在員工對氣候的感受與職業滿意度的關係上，此項關係切實值得關切。背後的重要用意，是指醫院的氣候會影響員工的職業滿意度，也會影響其對工作或職業的持久性，尤其是對於處於較輔佐性角色的護士的影響較大。在組織龐大的醫院中，不同部門的氣候可能不同，故不同部門的

護士對氣候的感受可能不同，影響其對職業滿意度的情形也可能不同。

第七節　緊張、壓力及衝突的氣候與紓解

在各種不同組織的氣候中，有兩種很負面的情況，即是㈠緊張與壓力，㈡衝突。此兩種氣候之間的關聯性很大，緊張與壓力過度常會引起衝突。一旦發生衝突，形成緊張與壓力的關係也勢所難免。本節就此兩種負面組織氣候的性質加以說明，再進而論及紓解的必要性與方法或途徑。

■一、緊張與壓力氣候的性質

有些組織或某一組織在某種特殊情況下，會使成員感到緊張與壓力，使組織的氣候形成低氣壓的狀況。發生此種氣候的原因很多，如組織成員中有人無理取鬧、或意氣用事、脾氣失控等都可能是產生的重要原因，也可能因為外界突發事件的衝擊所引起。一旦引發組織中成員的緊張與壓力時，組織成員的工作情緒可能會有不良反應，其工作滿意度變低，對組織的忠誠度與愛護心也減低，會使其工作成效減低。

遇此緊張與壓力的氣候，組織有必要加以疏解與緩和，使其能平靜下來，使組織分子能恢復正常的情緒及工作效率。

■二、紓解緊張與壓力的途徑

組織氣候形成緊張與壓力之後，有必要紓解與克服，紓解與克服之道很多。經由找出源頭，針對原因，解開繩結必將有效。重要的方法或途徑有體貼、諒解、友善與鼓勵等，若能體貼對方，則因埋怨或不滿而製造緊張與壓力的一方應可收斂，被埋怨或遭受壓力的一方也可由體貼而諒解，少向對方報復與不滿。

化解緊張與壓力的有效方法與對策，包括友善相待及互相鼓勵。能友善相待，並互相鼓勵，緊張與壓力自然可以消滅或化除。

▌三、衝突氣候的性質

　　組織中分子之間或組織與組織之間,高度的緊張與壓力可能產生衝突,一旦發生衝突,雙方會互以激烈的手段傷害對方,結果雙方都可能受害。衝突的形式有可能只及於語言上的對罵,但也可能動武打架,或暗中相互中傷或破壞。組織中產生如此激烈的衝突,氣候必然非常不良,形成兩敗俱傷,整個組織也會非常混亂,其影響或後果必危及組織的功能與成效。

▌四、衝突氣候的化解

　　組織遭遇內部衝突時,必要加以化解。化解之道很多,常見很有效的方法是可從個人行為做起,包括避開與人摩擦,或退讓並與人妥協。

　　此外也可經由調整組織結構,有效解決問題,避免糾紛與衝突;或由發展共同目標,集中力量達成目標。此外,也可由找出共同的問題或敵人,試圖將力量一致對外,解決問題或對抗敵人,減輕內部的衝突與消耗。

第十二章
組織的環境因素

第一節　意義、重要性與範圍

▍一、意義

　　組織的環境因素是指圍繞及存在於社會組織外部的有關因子或要素，對組織的多方面性質會有影響，包括影響組織的興衰、成敗與存亡。而影響的途徑是多重且複雜的，影響的程度也常是很深遠的。環境對組織所以重要，是將組織視為在開放系統中的一環來著眼的。

▍二、重要性

　　組織環境因素的重要性，即在於其對組織具有影響，就其重要影響的細節再分別說明如下。

㈠社會組織常為因應外在環境的要求與期望而設立或形成

　　多半社會組織都直接因為組織分子感到需要而成立，因而也稱為志願性或自願性的組織。而組織分子所以會主動設立這些組織，其背景可能是因為在社會環境中，有更多人感到有設立的必要。有時是因為社會或國家有必要設立某些特定目的的組織，而命令或要求部分特定合適的人來設立或組織，這類組織則具有非自願性的性質，但卻都具有功能性或義務性。軍隊的組織便是一例。

㈡外在環境提供組織所需要的資源

　　許多組織內部本身並無資源，其所需要的資源依賴外在的自然環境或人為因素來提供。外部提供的重要資源，包括土地、資金、知識、技術、原料、客戶、買主、以及消費休閒的來源等。這種外在資源的提供者，包括大自然、政府、學者專家、勞動工人、生產者、社會大眾及患者等。不同的外在環境因素，提供給組織不同的資源，成為組織生存與發展的贊助者與支持者。

(三)提供組織所需要的訊息

　　各種社會組織能運作成功而達到預期目標,很需要外界的許多訊息。因其輸入的資源都來自外界,其產生也推銷到外界,外界的條件與需求的訊息對組織而言都很重要。重要的訊息包括資源的來源及銷售的出路,以及與組織運作有關的法律、規則及情勢等,組織都必須從外界環境中加以吸收,並能有效因應。

(四)外在環境經常變動不定,乃影響組織的運作

　　因為組織的外在環境條件常是不穩定的,變化多端,對於組織容易造成無法預測的後果,致使此種外在環境的性質及變動成為組織內部面對的重要情勢。組織必須要瞭解其變動不定的性質,以作為有效應對的依據。

■三、組織環境因素的範圍

　　組織的外在環境範圍約可分為空間範圍、項目或內容的範圍,及時間範圍等三大方面加以觀察或瞭解。

(一)空間範圍

　　各種組織因目的與活動的內容不同,其較有密切關係的外在環境因素的空間範圍也有所不同。例如以外銷為要旨的廠商或企業組織,其相關的空間範圍就廣及產品銷售的世界各國。以歌唱休閒為主要目的的農民歌唱班的組織,所牽涉的空間環境範圍,一般以成員所分布的村里範圍為限。

(二)項目或內容的範圍

　　就組織的環境項目或內容的範圍看,組織的目標或宗旨越是綜合性,越是與生命存亡有關的根本性及複雜性的組織,其牽涉的環境範圍項目越多,內容也越廣泛複雜。不僅有關許多個人周邊的家庭與社區的許多事項,又牽涉到國家的經濟條件、社會情勢、文化要素、政治法律環境,乃至國際關係等。地球村概念的發展,使每個人的各種

生活細事都與世界各地的各種事項脫離不了關係。

　　一般與社會組織較有關聯的環境項目與內容，約可分成下列數大類別：㈠自然環境因素，㈡人口因素，㈢政治或政策因素，㈣經濟因素，㈤社會因素，㈥心理因素，㈦法律因素，㈧國際關係因素，㈨區位或生態因素等，㈩技術因素，㈩㈠特定環境因素。上列這些因素的項目都是可再加細分的。

㈢時間範圍

　　影響社會組織的外在環境因素中，就牽涉的時間範圍看，都具有長遠性，包括過去歷史因素，到現在與未來的時間都與之有關。但有些組織所直接關聯的時間較短暫，有些牽涉的時間則較久遠；老舊的組織比新成立的組織都牽涉到較長的過去時間。

第二節　重要的外在環境因素及其影響

　　在上節述及組織的外在環境因素項目與內容部分，列舉十一項影響社會組織的外在因素項目與內容，本節對這些類別的因素先再細加列舉，進而就其對社會組織的影響也作成較綜合性的分析。

■一、自然環境因素及其影響

　　這類因素包括土地、雨水、氣溫、風、陽光、及自然災變等。此類因素對組織的活動方式與頻度會有影響，對於組織的應對措施也會有影響。

■二、人口因素及其影響

　　人口因素可細分為人口的數量、成長、出生、死亡、遷移、組合、分布等。這些因素的全部或一部分將影響組織的數量、規模、結構、功能、分布及變遷等。影響的道理與過程，有簡單易解之處，也有複雜難懂的部分，於此不作詳述。

▌三、政治與政策的因素及其影響

政治因素包括政治的穩定性、複雜度、價值取向、意識型態、敵我關係、國際情勢等。政策因素則包括政策的內容、可行性、執行效果等。

各種政治及政策因素對組織的影響，包括影響其穩定性、複雜度、目標、結構、功能、協調性等。所以政策的動向對組織目標的影響而言，組織目標有必要符合政策，推展起來才能較為順利，不致因與政策相違背而難以推展。

▌四、經濟因素及其影響

重要的經濟因素，包括經濟發展水準、經濟景氣、所得水準、消費習慣、貿易關係與政策走向等。這些經濟因素將會影響組織的生死存亡、經營成敗及獲利程度。

▌五、社會因素及其影響

重要的社會因素包括社會態度、價值觀念、信仰體系，相關制度及文化特性。這些因素可能影響組織目標、組織關係、組織的領導、權力運用、及組織成效。

▌六、心理的因素及其影響

重要的心理因素包括心理願望、需求、動機、喜惡與滿意度等。組織分子及相關人員的這些心理動機極可能會影響組織的目標、策略、氣氛、合作、和諧或衝突的情況及勞力的程度。

▌七、法律因素及其影響

法律因素的重要內容包括有無制定相關的法規、法規的細密程度、執行的徹底程度等。這些因素對組織的重要影響在於維持組織運作的秩序及公平性。

▌八、敵我關係及國際關係的因素及其影響

這種關係的細項部分包括關係是否正常、關係的好壞及特殊化情形。此項變數對於組織的重要影響面，包括影響跨國組織的設立及運作、影響國內組織的業務與功能。近來國際間的關係越趨於自由開放，影響許多企業組織設立跨國的分公司，其業務因而更為擴大。兩岸關係趨於更開放的結果，也影響台灣許多企業組織紛紛西進中國，在中國設立分公司，其中有些企業在中國的投資額比在台灣本島的投資業還多。

▌九、區位或生態的因素及其影響

組織的區位或生態因素，包括其所處的地理位置，及其他的空間及自然環境條件。這些因素必然會影響組織的空間結構及功能。

▌十、技術因素及其影響

技術因素也為組織的環境因素之一。因為技術可能影響或關係組織的規模、結構等靜態性質，也可能影響其生產、銷售、互動及管理等動態性質。

▌十一、特定組織環境因素及其影響

在此所指的特定因素是指組織的「工作環境」及「組織集合」的因素。包括資源或原料供應狀況、員工及人力的來源、產品出路、附近居民對於組織的評價及監督，以及相關聯組織的聚合或分散狀態等。這些因素將影響組織的加入或退出活動或經營，也將影響組織成功的機率等。

▌十二、環境因素對組織的綜合影響

前面所列舉的組織環境因素很多，不同的環境因素對於組織都有其特殊的重要影響面。綜合這些因素對於組織的重要影響層面，則包括影響組織的目標、結構、計畫、角色的扮演、功能與績效等。

第三節　組織環境的分析面向或要點

對於組織環境的分析究竟應如何掌握其面向與要點，組織社會學家阿爾力基（Aldrich）及馬塞丁（Marsden）（1979, 1988）曾指出下列六項，值得研究組織社會學者的瞭解與思索。

■ 一、環境的容量（environmental capacity）

所謂環境的容量或收容力是指其豐富（richness）或貧乏（leanness）的程度，即指其可供組織作為資源的水準。組織與環境的關係，首先從環境中獲取資源，環境中存有的資源豐富與否，反應組織可從環境中取得資源的可能性。但是組織從環境中能實際取得的資源，並不一定與其資源存量豐富與否直接相關，要看能真正取提多少才更重要。因為資源存量豐富的環境，其他組織照樣也虎視眈眈，企圖獲取，能給某特定組織的資源說不定比資源較貧乏的環境能提供的數量還少。組織對環境能提供資源容量的衡量，以其能實際提供的容量比其存量是否豐富更重要。

■ 二、環境的同質性與異質性（environmental homogeneity-heterorgeneity）

此種面向或重點在於環境範圍內的同質性或差異的程度。環境內的性質越相同或相近，組織越容易以標準的方法為之應對。面對環境中同類的產品、同性質的患者或服務對象以及市場，組織較容易處理與應對，反之如果環境的性質差異性太高，則應對與處理起來較麻煩、較無效率。

■ 三、環境的穩定與不穩定性（environmental stability-in-stability）

所謂環境穩定與不穩定是指環境中的部門或元素的更換情形。越

是穩定的環境，越容易預測，也越好掌握。反之，面對的環境越不穩定，組織越難加以預測，也越難應對。

四、環境的集中性與分散性（environmental concentration-dispersion）

這是指環境中元素的分布（distribution of the element in the environment）是否集中，各元素的分布越集中，組織越好操作。反之，分布越分散，組織應對與操作起來越麻煩。

五、環境領域的一致性與不一致性（domain consensus-dissensus）

所謂一致性與否是指有關組織的各部門對環境是否可用一定的方法，及在一定的範圍內運作的權利與義務的看法是否一致。相關部門的此種看法，關係組織的活動場域（organization tarf）。

六、環境的動亂（environmental turbulence）

環境動亂的意思很接近環境的不穩定性。在動亂的環境中，經濟情勢可能改變，政治與技術條件也可能有異，稅率也可能改變。

上面由 Aldrich 及 Marsden 所提出環境指標的六大面向被得西（Dess）及貝德（Beard）（1984）認為應可濃縮成三大項，即㈠給予程度（munificence）、㈡複雜度（complexity）、㈢動態性（dynamism）。合併本章第二節所列舉的各環境要素與本章最後歸納的各項要素的重要衡量面向，則讀者對於各種環境要素的認識都可進一步從其可給予的程度、複雜度及動態情形去作更深入的分析與瞭解。

第四節　組織間關係的環境要素

■一、將其他組織作為組織環境要素的含義

所謂組織的環境要素是指圍繞在組織的外部，對組織具有影響的要素。組織外的其他組織有許多種類，對於組織都有影響或作用，故也為環境要素。這些組織包括㈠政府機關或組織，會對許多組織設定規則加以管理。㈡經濟機關或組織，可能成為企業組織的競爭對手或協助伙伴。㈢教育文化性的機關或組織，如學校、廟宇或社團等，對於文具行、禮品店或其他家庭式的小生意組織都是支持者或老主顧。

組織外的組織，不僅會影響組織的整體，也會影響組織中的個人，組織及其分子可能受其他組織的服務或幫助，也可能會受到其他組織的競爭與威脅，故其他的組織成為組織的環境要素之意義與道理，乃甚為明顯。此種影響也常以組織間的關係（inter organizational relationships）或簡稱 IOR 的概念加以表示。

■二、組織作為環境因素的影響型式或層次

作為組織的環境因素，其他組織與組織的關係或對組織的影響方式有三種明顯的不同型式：㈠單一組織要素對單一組織的影響，㈡多個組織要素對單一組織的影響，㈢多個組織間的相互影響網。將此三種影響方式再進一步說明如下。

㈠單一組織要素對單一組織的影響方式（pairwise or dyadic interorganization relationship）

此種唯一組織的組織環境是最單純的方式，卻普遍存在於組織中。每一個組織都至少有一個關係很深、影響很大的其他組織，此一環境性的組織可能是一對好伙伴或好幫手，也可能是其死對頭。

㈡多個組織要素對單一組織的影響方式（interorganization set）

此種組織環境方式是指一個組織可能有多個或一套關係密切或影

響很深的組織要素。這些多個影響性的其他組織結合成一套聯盟性的外在力量，分別從不同方面或共同針對某一方面來影響組織。

(三)多個組織間的相互影響網（interorganization network）

此種組織的組織環境相當複雜，各組織之間互為影響，也都為互有關係的伙伴。各種相關企業組織之間，或各種結合成聯盟的產業組織之間的關係或相互影響都屬此類。各組織之間具有共同關係，但也可能存在著相互競爭性。這些相互關係體或相互影響網之間，都可能互為影響者及被影響者，故其關係也如雞與蛋的關係，很難辨別何者影響在先，何者影響在後。

■三、組織作為環境因素之分析架構

分析組織的組織環境因素，除了前述的三種相互影響與關係方式與層次外，尚有五點重要的分析架構，將之論述如下。

(一)一般的環境性質

將組織作為其他組織的環境要素，可將組織的環境性作為一般環境性質看。本章第二節論組織的環境因素時，指出重要的一般環境因素有自然環境、人口、政治、經濟、社會法律、區位或生態、技術的等。組織的組織環境因素都可作為上列的一般環境因素來看，因為組織因素中都可能含有上列這些一般環境因素的性質在內。作為影響因素的組織都可能從經由或透過上列的一般環境性質而影響組織，或與受影響的組織產生某種特殊關係。

作為一般環境要素，組織也如本章第三節所分析的重要的環境面向或要點，而透過環境的容量、同質或異質性、穩定性或不穩定性、集中或分散性、一致或不一致性或動亂而影響其他的組織。

(二)特殊情境因素的性質

作為環境的其他組織要素，存在五種重要的特殊情境，都將影響組織性質，此五種重要的特殊情境是(一)知覺性（awareness）、(二)地域範圍的感覺（domain consensus-dissensus）、(三)地理的接近程度，(四)對

地方的依賴（localized dependence），㈤規模（size）。將此五種重要
特殊情境的意義扼要說明如下。

1. 知覺性

組織對組織的影響先決於影響的組織或組織內的人對於影響性的
組織有無知覺，必須知覺這種組織的存在及其他與本組織的關係，則
其他組織才會對本組織具有影響的意義。

2. 地域範圍的感覺

地域範圍是指組織所服務的地理範圍，或指環境性組織的影響潛
力，也與影響組織的角色與目標有關。此種範圍也關係受影響組織對
環境性組織重要性的認定。

3. 地理的接近程度

此一因素是指組織與其環境性組織的地理距離或空間距離的遠
近。此種特殊情境會關係兩個組織間的互動。距離較近的兩個組織之
間要溝通協調都較容易，要相摧殘危害的可能性也較大，故作為環境
性組織的影響力也會較大。

4. 對地方的依賴

組織對地方資源的依賴性大小，關係地方內其他環境性組織對本
組織的影響程度。組織對當地資源的依賴性越大，當地的其他環境性
組織對本組織的影響便會越大，故組織對地方的依賴性也必影響其他
組織對一個組織影響的程度。反之，如果組織對本地資源的依賴性
低，本地的其他組織對組織的意義也變小，影響力也變小。

5. 規模

此處所指規模是指相關組織的數量，規模越大，亦即相關組織的
數量越多，組織所面對的其他組織影響必越複雜。但各單獨組織對特
定組織的影響品質可能越微弱，所占的影響分量可能越低。

㈡組織間的關係或相互影響的理由

為何一個組織會受其他組織所影響，或不同的組織間會有相互關
係，重要的理由有下列四點。

1. 同夥的關係基礎（ad hoc bases）

組織間會互有關係或互相影響的一個理由，是因其為同夥的關係，亦即彼此為特殊問題或機緣而結合成一夥。

2. 交換基礎

為相互交換的特殊目的而使組織間互有關係或相互影響。兩者要相互交換的主要目標是資源。交換時雙方都各為自己爭取最大的利益與好處，但兩者必須維持公正合理的關係準則。當組織雙方要連續交換資源，關係或影響會變為正式性。

3. 正式的協議

正式協議是指經由正式的簽署或認可。依此協議，雙方必須按約束或協議履行關係或互盡責任或義務。

4. 委任或託管基礎

此種組織關係或影響的意義，是指此種關係或影響是受法律或規則所管轄或約束的。例如，政府組織應依法定規則向人民團體履行各種協助或服務的責任。各種人民團體也必須按法定規則向政府組織履行義務或責任。然而組織有可能不按規定履行職責的情形。

㈣組織間資源的流通

組織之間的相互關係或相互影響，常為交換或流通資源而產生，流通的關鍵要素在兩方面，㈠是流通強度，㈡是為流通的結合計畫或策略。就此兩方面的意義略述如下。

1. 流通強度

組織間的資源流通，基本上是建立在相互依賴的基礎上，而相互依賴有其強度，而相供應的資源，包括金錢、設施與人力資源等，數量越多，表示強度越高。強度越高，關係也越密切，影響也越大。強度的大小受關係網絡及組織特性，及外來因素所影響。

2. 流通的結合計畫或策略

組織間為了相互流通資源，常要結合在一起。結合計畫或策略包括共同研究、共同開發、共同投資或策略聯盟等。

㈤處理的方式

組織間的相互關係或互動，可建立在多種處理方式的結構上。這些不同方式結構的指標，包括㈠正式性的程度，㈡標準化的差異，㈢重要性的差別，㈣頻繁性的程度，㈤相互性的程度，㈥權力的集中程度，㈦合作程度，㈧協調性程度。

▌四、組織間的連結點

組織的組織環境所以能成立，必須要組織之間能有連結點，而此連結點常由兩個組織的理事成員的重疊性所形成。亦即兩個組織中有部分理事相互重疊，或有部分人同時兼任兩個組織的理事。一般組織的理事都為組織中的優異分子，對於組織的理解最為充實，對組織的領導與管理也最具實力。兩個組織之間若有部分理事能相互連結，則兩個組織便能有相互密切的關聯與牽制。就此種互為理事或理事重疊的相互連結，或相互影響的若干重要性質，分析說明如下。

㈠有連結便可相互影響，且互為因素

互有連結的組織之間，作為環境因素的重要意義是可相互影響。有連結便能相互影響，亦即具有互為因素的意義。

㈡互為影響面

組織之間的互為影響面，主要包括相互提供資源、相互影響決策、互相協助解決問題、互相支持或鼓勵對方的業務與成就等。

㈢相互避免連結的條件

有些組織之間也常有不能互為連結的情形，主要原因是當一方有高危險性時，另一方要與之連結不僅無益，可能受其連累或受其害處，因而不願連結。

㈣其他足以影響是否連結的因素

兩個組織之間能否成為互有連結的對象還有其他若干重要因素，如組織的地位、影響力、能否出自善意及厚道、領袖的意圖及空間距

離等。

第五節　組織對環境因素的適應與控制

　　組織的人及輔導者先要認識外在環境因素對組織本身會產生廣泛深遠的影響，之後更應能準確判斷各種環境條件的變化，以及能準確預測或估計這些變化對組織多方面的影響，包括對組織的目標、結構、功能、角色扮演，以及活動計畫等的影響，進而也應使組織能力在目標、結構、角色扮演，以及活動計畫上等有適當的應對與適應，不被環境所牽制，甚至能轉移控制環境，使環境配合組織。本節就分成組織如何研究與瞭解環境變化，如何調整內部的目標、結構、角色及計畫，以及如何控制環境變數等三大方面的做法，略作說明如下。

■一、研究與瞭解環境變遷及其影響或後果

　　組織要能適當應對環境的變遷，首先必須研究及瞭解環境變遷的性質及其對本身的影響。任何社會組織要能深入研究及瞭解龐大的外在環境體系之變遷及其影響不是件容易的事，但卻也不得不加努力。組織的成員必須充實知識、拓寬視野，才能有效瞭解環境的性質及其對組織的影響。然而未必所有的組織成員都能有機會充實知識及拓寬視野，或都具備豐富的知識與視野，有必要由組織的領導者或輔導者能扮演此種角色或具備此種條件，並能將其所見到的環境條件及其對組織可能造成的影響，分析並說明給組織成員瞭解與認識，幫助與鼓勵組織成員都能重視外在環境因素的重要性及內涵，並能作適當有效的應對與控制。

■二、調整組織內部的架構

　　組織的目標、結構、角色及活動計畫等基本架構都有必要保持適度的彈性，來應對環境變化，並作適度的調整，組織才不致被環境所擊倒或吞滅。雖然組織的成立與維持有其原則，不能輕易改變，但當環境條件較激烈變遷，並給組織帶來良好機會或嚴重威脅到組織的存

亡之時，組織的架構不能固守成規、一成不變；相反的，需要加以調整架構，包括調整目標、結構、角色及活動計畫等。

　　組織在調整架構時，可能必須放棄或消除不合適的目標、結構、角色及計畫，否則會成為組織的沈重負擔，增加組織的成本、阻礙組織的革新與改進。當前政府經常提出組織改造的口號，重點無非要擺脫或革除不合時宜的組織架構。雖然改造的工程不易，但若維持不改，則老毛病與老問題就難革除與解決，必會阻礙整個政府的功能與進步。

　　在調整組織架構的過程中，更需要注入必要的新部門與新生命。組織的成員、規模、設備等都應視環境因素的變遷而適時適地加以調整。當組織的環境樂觀，組織的前景看好，想加入組織的人增加時，組織有必要開放大門，歡迎新成員的加入。反之，當組織的環境悲觀，組織的前景不被看好時，則組織考慮減少成員或許是必要的調整方向。

　　組織的調整除了增減人員數目外，也應視外在環境的變化而調整設施及改變原來的角色與功能，包括對內及對外的角色與功能。組織的活動計畫必須連結外界環境的變動，而能順應環境變遷的方向，能作適當的調整。各種組織的力量，都有其薄弱的地方，順應環境變遷才是生存的要道，違逆環境變遷的組織很難有發展與生存的機會。

■三、控制環境

　　社會組織規模再大，力量再強，都不易對外界的環境要素能作強有力的控制。但如能運用得當，某種程度的控制能力還是可達成的，國家組織能因大有為政府的努力而扭轉惡劣的外在環境。許多企業組織也能經由有效的管理，而能有效掌控部分外在環境條件、創造機會與利潤。有些規模龐大的農民基層組織，也能由創造良好的品牌與聲譽，而取得消費市場的好感與美譽，而能保障其產品的銷售機會與出路。

　　許多弱小的組織因為單獨的力量很薄弱，要能有效控制環境必須經由採取聯盟的策略，才能發揮與擴大組織的力量，壯大聲勢，壓倒

外在的環境阻力與對手。常見同性質的弱小團體或組織，為了維護權益，乃串聯一起走向街頭，壯大聲勢，抗拒對手或要求政府，在某些政策上讓步。

　　有些環境力量本質上很難被組織所控制，自然環境的災害因素即是。各種組織只能在能力的範圍內，多做防颱、防洪及預防旱災的措施與工作，以便減少生產上及財物上的損失。但對於強烈颱風、豪雨及乾旱，很難以人為或組織的力量來作有效的抗拒或控制。

　　近來在民主化的過程中，各種組織為了爭取及掌握本身的利益，常經由透過掌握民意代表在質詢或提案上，代表自己影響政府的決策及行政，幫助組織取得資源獲得利益。這種做法乃成為許多企業組織控制環境的重要方向。

第十三章
組織的成效

第一節　意義、性質與研究的重要性

一、意義

組織成效（organizational effectiveness）最簡單的意義是指達成或實現目標的程度。因為多數的組織目標常多於一項，故組織成效或達成目標的程度可分為達成單一目標的程度及達成所有目標的程度。

每一個組織都將達成目標作為很重要的期望與使命，目標能達成，組織才有存在的理由與目的，也才有存在並延續的價值與理由，故成效對組織而言是很重要的。持此看法的學者很多，重要者有約翰肯伯（John Campbell），他共列舉十九項組織的重要成效。

另有學者將組織成效看為是組織體系與環境資源作最佳之配合，尤奇門及西秀兒（Yuchtman and Seashore）是持此成效概念看法的人。認為組織的成效是組織開發環境，取得稀少及有價值的資源來維持組織功能的能力（effectiveness of organization as the ability to exploit its evironment in the acqurisition of scarce and valued resources to sustain its functioning.）（Hall, 1982，266-267 頁）。

組織成效的第三個意義是從個人參與組織的程度及對組織的滿意度來定義的。由此方面所下的定義，則組織成效是指組織中有最高效率的參與者（the greatest percent of participants），並使組織參與分子能感到最大滿足。這種定義是較從心理的角度來下定的。

組織成效還可從第四方面來定義，即代表其對社會具有功能性，此種意義是由柏森思（Parsons）所創的。所謂有效能是指能解決四個問題，即適應環境需求、達成目標、整合各成員成為整體性，以及維護組織體系、組織動機及文化型態的潛力。亦即具有適應（adaptation）、達成目標（goal achievement）、整合個體（integration）及發揮潛能（letency）的功能，亦稱 AGIL 模式。

▎二、性質

至於組織成效的性質，則可從多方面加以瞭解。就重要的瞭解面列舉說明如下。

㈠單一性或多項性

John Campbell 先指出十九項組織成效的變數，其中十八項為單項的變數，一項為多項變數，稱為全面的成效（overall effectiveness）。十八項單項的成效變數是：(1)品質（quality），亦即組織的生產或服務品質。(2)生產力（productivity），指組織的生產或服務數量。(3)敏捷度（readiness），指對組織成效機率的判斷。(4)效率（efficiency），指每個成效與其成本的比率。(5)利潤或報償（profit or return），指組織持有者投資後的報償。(6)成長（growth），如在人力、設施、資產、銷貨、利益、市場占有率等方面的增加情形。(7)對環境的利用（utilization of environment），指組織與環境的良好互動，並獲得稀有資源。(8)穩定（stability），指對組織的結構、功能及資源的維護。(9)回轉或保留，指自動願意留在組織中的分子的頻率與數量。(10)缺席（absentee-ism），指曠職者的頻率。(11)意外（accident），指工作中的意外事故導致停工。(12)士氣（morale），指組織成員對達成組織目標的額外努力，及對組織的承諾或現身。(13)動機（motivation），指組織成員對目前導向行動的傾向。(14)滿意（satisfaction），指個人對組織角色及工作的滿意度。(15)組織目標的內化（internalization of organization goals），指組織成員對組織目標的接受程度。(16)衝突與團結（conflict-cohesion）及兩極性（bipolar），指相互對立撞擊或充分溝通的兩極化。(17)彈性的適應（flexibility-adaptation），指組織改變標準運作以適應環境變遷。(18)外界的評估（evaluation by external entities），指與組織有關係的外界對組織的評估（Dessler, 1980，394-395 頁）。

㈡與效率（efficiency）的意義有所不同

成效是指有無達到目標，能否有效適應環境至獲取資源，以及是否有最多數成員樂於參與並獲最大滿足；但效率是指產出與投入關係

的比例,比例高,代表有效率。

(三)各種成效具有衝突性(contradiction)

組織成效的衝突性質包含達成多種目標之間有衝突性質,適應環境、取得資源之間也充滿複雜與矛盾的過程。要使成員參與並滿足,也因成員的複雜而易起衝突。為社會盡功能時,會因為社會多元而難免分歧與衝突。

■三、研究的重要性

組織成效的研究之所以重要,基本上是因為組織成效的概念重要。而重要的理由有下列數點。

(一)達成組織目標重要。因為目標的達成是組織的期望與使命,組織能達成目標,表示有成效,組織也才能生存。

(二)組織有成效才能適應環境,獲取資源。有此成效才能生存與發展。如果缺乏此項成效,將遭受淘汰。

(三)組織有成效才能使成員願意參與,參與後才有興趣,能滿足並有信心。

(四)組織有成效,對社會國家才能盡功能,也才能對得起國家與社會,並能受到國家與社會的重視與支持。

第二節 組織成效的衡量指標與方法

組織成效的衡量指標與方法有多種。本節列舉若干重要的指標與方法加以說明,這些重要的指標與方法有七種,將其要點說明如下。

■一、目標成效的衡量指標與方法

此一成效的衡量指標與方法是針對組織目標而為。組織要測試其有無達成及達成的程度,如達成的百分率等。為能便於衡量,則所衡量或評估的組織目標是具體可操作的,而不是抽象不可量化或計算的。

由於組織目標有單一的,也有多項的,對於單一目標是否達成或

達成程度的衡量，相對較為容易，但對於多項目標達成程度的衡量則較困難。可經由對每一細項目標的達成程度加以評估，而後加總、加權，再取其綜合代表性的評分值。

　　一般組織的重要目標，可能包含利潤、成長、生產力、信譽、福利、品質、效率、服務、資金、意外事件的頻率、技術、資源、成本、和諧、滿足、競賽、評價、公關、曠職率、流動率、動機、士氣、控制、衝突、彈性或適應力等。對於這些目標中的單項或多項，大致都可計算其達成的百分率。

■二、過程衡量指標與方法

　　此種衡量的指標與方法可分為兩細項，一種是衡量對外獲取及利用資源的過程。對外獲取及利用資源的達成程度，包括㈠接受資源的能力、㈡分辨資源的能力、㈢維持獲取的良好條件、㈣應變獲取及利用的能力。

　　第二種衡量指標與方法是衡量內部的互動過程。重要的互動過程包括㈠合作程度與工作士氣、㈡團隊精神及效忠、㈢自信、互信與上下溝通、㈣依訊息的決策、㈤正確獲得資訊的過程、㈥給領導者適當報酬、㈦各分子間有良好互動。

■三、全部關係人衡量法（stackhold approach）

　　此種方法也可稱為整合法。因為與組織有關係的個人與團體很多，且立場可能不同，認定組織成效的焦點或標的也有不同。故由不同關係者的立場去衡量或評估，成效可能互異，很難下結論。故有必要求一個可以代表各相關者看法都包含在內的成效評估結果。

　　要得到這種評估結果，在方法上是先假設每一方面或每一個關係者都可分得一份評估成效的權利或任務，進而由其評定成效的程度，而後加總並平均。這樣的評定成果是綜合各有關係者的意見與立場在內的。唯因關係者多，立場也多，故評定工作複雜難作，加總求得的結果也會走樣，很難令每個關係者都滿意。但這種方法有一項重要的好處，是廣泛周延、面面顧全，包括每種人及多種衡量的指標與方法

都容納其中。

▍四、競爭價值衡量性

　　這種成效衡量法的使用時機，是當組織的決策者對於組織所應追求的某一目標呈現兩種重要價值對立，以致難以決定之時。組織的價值對立常見有兩種情況，一種是對內部成員的價值與對組織外在價值的對立，另一種是結構穩定價值及結構彈性價值的對立。合併此兩套對立價值，即可分成四組模式：㈠開放模式，即著重組織外在價值及結構彈性價值，㈡重視合理目標的模式，即是注重內部分子或成員的價值及結構彈性的模式，㈢內部過程模式，即是重視組織外在價值及結構穩定的模式，㈣人際關係模式，是指重視內部成員的價值及維持結構彈性的模式。因為四種價值模式都有部分對立或衝突性，因之據以設立的目標也都有不同。適當衡量的成效標準也各不同。如果一個組織同時都要採取四種模式時，即要先排出目標模式的重要順序，才能進一步按照順序，適當地評定其成效。評定的方法是對較優先的目標模式，如有達成，就給其較多的評定加權分數。

　　此種方法的好處有兩點：㈠可整合多項成效概念於單一的評估方法中，㈡同時注重管理者的價值及對立者的價值。總之此法衡量不同立場者的不同價值，供評估者作一綜合性的選擇，此法比評估者以自我為中心而選擇的價值，更具周延性及客觀性。管理者或評估者在選擇價值時，必須按照不同價值排出先後順序。這種優先順序可能因情境的改變而改變，故也較有適應性。

▍五、自然系統模型法

　　此種評估方法是持開放性的觀點，注意組織內部的關係是否協調、資源分配是否公平、是否有效率等為評估的重點。常用的衡量指標係經由分子分析法得來者，這十個指標是㈠營業量，㈡生產成本，㈢新進成員的生產量，㈣成員老化程度，㈤營業種類，㈥人力成長情形，㈦對管理的重視，㈧維護的成本，㈨成員的生產量，㈩市場的掌握。

六、參與及其滿意度的衡量法

　　此法是根據組織目標中注重成員的參與及其滿意度兩項作為評估重點者。衡量的要點包括成員對組織的參與程度，如出席率；也注重成員參與組織後是否滿意的感受程度。此種衡量方法是由人群關係學的觀點所衍生出來的。一般組織成員越能自由使用組織，會感到越滿意。

七、社會功能衡量模式（social-function model）評估法

　　此種評估方法是參照名社會學家柏森思（Parsons）所指組織目標據有 AGIL 模式而作的成效評估模式。所謂 AGIL 模式即是英文的 adaptation（適應外在環境需求）、goal achievement（達成特定目標）、integration（整合內部及對外關係）、latency（發揮潛在能力，貢獻社會）。

　　綜合上舉七種組織成效的評估方法，各有不同的評估要點。評估者視需要的情況不同，而可選用不同的評估方法。

第三節　影響選擇適當成效衡量或評估指標或方法的因素

　　組織有無成效，依選擇的衡量標準或方法不同而有差別。較傳統的評估指標或方法都取單項標準，通常是以目標的達成、資源的獲得、內部互動成效等作為評估的指標或方法。但較現代的評估標準則常結合多項的衡量指標，構成一個所謂競爭價值的衡量架構或模式。本節乃是針對這麼多種可用的衡量成效的指標或方法，考量究竟以什麼因素來決定影響或決定衡量標準的選定。重要的因素可歸納成三大項，即㈠最高層管理者的影響，㈡目標可衡量的程度，㈢環境條件。就此三種因素影響衡量標準的選定情形再作說明如下。

■一、高層管理者的影響

　　各種組織成效的衡量或評估，主要是上級衡量或評估下級的情形。最高層管理者的決定可影響中下層管理單位的決定。由於不同層級管理者的價值判斷及偏好不同，選擇組織成效衡量或評估的指標與方法也會有不同。高層管理者的選擇與決定往往會優先使用，其選定的合適衡量或評估指標或方法，也可能成為實際衡量或評估行動的依據。

■二、指標或方法的可衡量性

　　組織成效必須經過衡量或評估的程序才能測知。可被選作為衡量的指標或方法必須是要確實具有可衡量性，不能衡量的指標與方法就不宜被選為衡量的指標。在上列多種可供作為衡量與評估的指標與方法中，有者較易使用、有者較難使用、有者較可精確衡量、有者較為抽象難量，但都可用來衡量或評估。其中產出目標通常是很具體可量的，故也最常被選為衡量或評估成效的指標。競爭價值指標或方法就較不易衡量，故也較少被選用為衡量或評估成效的指標。

■三、環境條件

　　不同組織的條件不同，同一組織在不同時間所處的環境條件可能也不同，故適合其作為衡量成效的標準可能也有所不同。當外在資源很缺乏時，資源的取得可能成為一種重要的衡量指標。但當資源到處容易可得時，此一指標就不很重要，也不是好的衡量指標。又當組織處於變動的環境中，效率的衡量指標就不如產出的衡量指標那麼重要，因為在變動環境中能產出就很不容易，不必苛求產出有無效率。

　　總之，為使組織成效的衡量與評估具有意義，並有公平性，則對評估與衡量的指標應慎重選擇。通常影響選擇的因素不只其一。至於在上列的三種因素中，應以何者為主要依據，則是組織管理者、輔導者或監督者所需要費心思考慮的問題。

第四節　影響組織成效的因素

　　組織的成效受多種的因素所影響，重要的因素可分為內部因素及外部因素兩大類，前者再細分為㈠組織結構的因素，㈡動機與行為的因素，㈢人群關係的因素。後者則可細分為環境因素及競爭者因素兩細項。就這些因素對組織成效的影響，逐一分析說明如下。

■一、內部因素

㈠組織結構的因素

　　組織結構是指組織的垂直架構、水平分工、控制幅度、權力分配、空間分布、複雜度、形式化及標準化等。這些結構要素對於組織的成效而言都是相當重要的影響因素。就以垂直架構的影響為論，層級若太多，最上層對最下層的溝通層層疊疊，間接而費時，可能形成資訊與意見溝通上的受阻，因而遲緩與歪曲，以致影響上層的決策失去正確性，或下層無法獲得上層真正的旨意。

　　又如組織的水平分工若能合理並相互密切連結，則整個組織的成效必須擴大，否則如果分工不明，相互重疊，各部門便會相互推諉塞責，減失組織的成效。

　　組織的權力結構集中，可能有利決策的貫徹與生效，但也可能形成決策者獨裁專制，造成下層部屬的不滿與疏離，而難以對組織效忠並盡心盡力，組織的效能也會被打折扣。總之，組織結構是影響組織成效的重要因素之一。

㈡動機與行為的因素

　　組織要有效率必須組織中的每一個人，對組織團體的事務都要有強烈的工作意願及努力動機，並表現願意依從組織的期望與希求，而表示為組織效勞的行為，組織才有獲得良好成效的可能。如果組織中的個別分子缺乏為組織效勞的動機與行為，則組織的成效便少有希望。有助於組織成效的個人動機，包括能自信、自決及自我實現。

　　古典的動機理論家如泰勒（Taylar）很強調由運用合法的依從及報酬來激發員工的工作動機。費耶斯（Fayals）則很強調使用制約、輔導及訓練等技術來激發個人為組織盡力的動機。

　　哈伯特西蒙（Herbert Simon）注意到可由建立員工的態度、習慣及意願，以及加強員工的決定來影響其對組織的操作行為，因而也可影響組織成效。馬哥利果爾（McGregor）則提出 X 理論及 Y 理論，X 理論假設人是缺乏野心與責任，是較懶惰的，對組織工作不會自動出力。Y 理論則假設人會自動為組織負責、為組織目標盡力。可見具有 X 理論動機者及具有 Y 理論動機者對組織的貢獻不同，影響組織的成效也不同。

　　權變理論者（contingency theorists）如 Woodward, Lawrence 及 Lorsch, Burns 及 Stalker 等人，也都接受動機論，但認為員工對組織的工作還受其目的、及組織的情勢包括工作性質及報酬等情境因素所影響，情境因素不同，工作效果不同，組織的成效也會不同。（Dessler, 1980, 216-220 頁）

㈢人群關係因素

　　人群關係對組織分子的工作效率會有影響的理論，早在十九世紀初期就受到注意與重視。1939 年時羅哲利斯伯（Roethlisber）及狄克生（Dickson）就發表了有名的「霍桑實驗」報告。此項實驗研究為後來連續作了數次實驗，此實驗假設工作環境的設備會影響工人的生產率，乃將被研究工人分成實驗組及對照組加以比較分析，結果發現並不完全如預期。固然改善設施，如加強燈光對提高生產效果會有效果，但同輩的壓力、默契、感情、團體動力等人群關係因素，更是影響工作效率的重要因素，故也是影響組織成效的重要因素。

　　人群關係後來被應用到研究工作滿意度、領導力等重要的領域。研究證實工作滿意度會受人群關係的影響，也會影響工作效率。領導力的方式與類型，對個人的工作成效確實會有影響，故組織的領導型態亦是影響組織成效的重要因素。

▌二、外部因素

影響組織成效的外部因素也不少，可歸納成三小類：㈠為環境因素；㈡為技術因素；㈢為競爭者因素。就此三種因素的性質及效果分析如下。

㈠環境因素及其影響

外在的自然環境因素很多，從自然環境因素中的地形、地物、氣候條件等，對於組織的結構與管理都會有影響，因此也會影響組織的效率。

台灣夏季的颱風雨，對許多農田、工廠、公司、學校、家園都會造成負面的傷害，嚴重影響其功能與績效。一年之內如能風調雨順，農場上的收成必佳。

外在的國際政治環境對於許多組織的成效也會有直接或間接的影響。國際間的戰爭常會摧毀或傷害參戰國的許多組織設施，使其成效掛零或降低。國際關係不佳，影響國內廠商的產品難以出國。目前台灣國內政治團體間吵鬧不休，致使生產組織缺乏安全的環境，嚴重阻礙組織的產銷效果，因而紛紛出走者為數不少。

㈡技術因素及其影響

組織所用的技術進步與否，對其成效的影響甚大。現代許多工業組織生產的速度很快，得力於機械技術的進步。自動化的技術使產量大增，生產者常可獲得暴利，但也會導致產品過盛，常以削價傾銷，甚至導致廠商關門大吉。

各項工商業技術不斷推陳出新，導致有生產及經營特色的企業組織也不斷成立。能創新技術者也常較有成效並欣欣向榮。反之，技術陳舊落伍者，都有被淘汰之慮。

技術影響組織成效有直接的影響過程，及間接的影響過程。後者是指經過影響組織的結構、管理，而後影響成效的過程。越是複雜的技，影響組織的結構及管理方法亦趨複雜化，如在結構及管理方面能夠調整得宜，必能使其成效可觀。

(三)競爭者因素及其影響

影響組織成效直接並強有力者是組織的競爭者。競爭者對於組織在正面積極的功用是具有激勵的作用，故有助組織成效的推展。但在反面消極的影響，則具有扯後腿，甚至在暗處中傷的不良效果，對組織的成效會造成損傷。不少企業組織在市場上都處於完全競爭或不完全競爭的處境，受競爭者的影響都很深。處於完全競爭局面的組織，本身對於市場的價格幾無影響與控制能力，需求生存只好控制本身產品的品質，拉攏老顧客，並以加強服務來取得生機。不完全競爭下的組織，常要建立或發展部分特色，從中爭取優勢的生機。

組織面臨競爭者的存在時，更需要戰戰兢兢、提增效率、促進成效，藉以求得生存與發展。競爭者越多、競爭越激烈，組織需要努力的程度也越高。

第五節　促進組織成效的策略

■一、前言

可以促進組織成效的策略很多，從本章前節論述影響組織成效的各種因素看眼，可找到促進組織成效的因素。此外組織社會學者或社會組織研究者對於組織發展（organizational development 或簡稱 OD）的策略，也多所論述，同樣都具有促進組織成效的作用或功能。重點在許多能夠促進組織成效的策略或辦法中，對不同組織的重要性各有不同，因為不同組織的重要問題各有不同。如下列舉兩大方面並包括若干作為促進組織成效的常見細項策略或方法，並論其何以重要以及可如何運用的要點。

■二、運用外力的監督、刺激與鼓勵

要改進組織的成效，需要對組織的條件與運作，給予監督、刺激與鼓勵。運用此種策略的重要理由有二，第一是組織多少都有被動

性，故需要有監督、刺激與鼓勵的力量。組織因有問題與毛病才能醒悟與察覺，對促進成效才有動機與力量。第二，需要運用外力，乃因外部的力量較旁觀者清，較能客觀診斷並指出組織的真實問題與毛病，為組織提供有效的對策。

　　至於外力來自何方？又以外界力量的角色應針對組織的何種部位及症狀提出診斷與建議？對於前一問題的答案，則主要的外界監督、刺激與鼓勵力量，是指與組織有密切關係的機關或專人，也可以是與組織並無密切往來與利害關係的專業部門或專家。因為此兩種機關部門或專家較能看清組織的問題與毛病，也較能提出中肯的診斷與改進處方。至於第二面問題的答案，即外力可以或能夠監督、刺激與鼓勵的策略，則可廣及影響組織成效的各方面。但通常是指組織成效的改進有較大幫助的方法或策略而言。這些策略可能是有關組織結構的改進方面，也可能是有關組織領導方面，或有關組織行為方面等。

▌三、內部的策略、方法或力量

　　組織內部以產生或用為促進組織成效的策略、方法與力量很多，包括改變結構、改變決策、增進溝通、促進參與，及促進成員的認知與態度，改進領導方法與改善組織文化，以及反省與評估組織得失等。就這幾項重要的改進策略、方法與力量的重要性及有效的運用技巧與方法，再扼要論述如下。

㈠改變組織結構

　　組織結構對組織成效的影響在本章第四節已略有說明。結構因素的重要性在影響或決定功能，必然也會影響組織的成效。常見的組織結構問題，有結構太鬆散及太僵硬兩種極端；或可能無必要地過度繁複，或太簡化，過與不及都不利成效的促進。為使組織結構的形狀與關係都能恰當，則組織內部的溝通與交互作用要能最為合適，達此結構條件，組織的成效才可作最佳的發揮與運作。結構的調整常會配合規模的改變進行。

㈡改變決策

　　錯誤的組織決策必須改變，才能不使組織踏入歧途，才能正確的運作，也才能定出正確的目標，運用正確的方法，並克盡良好的功能，達到良好的成效。這種改變過程先要有眼力的人能察覺視破，繼而要有魄力的領導者為之導正，才能使組織發揮成效。

㈢增進溝通

　　組織的溝通管道若被阻塞或歪曲，則上命無法下達，下情也無法上通，左右也會失去聯繫與交流，則組織的上下左右各部門與各單位，乃無法統合，成效也必不佳。故為使成效改善，則組織溝通系統有必要先做改善與增進。

㈣促進參與

　　組織要有成效，有必要由各成員共同參與努力，故增進成員參與組織的業務與功能，是促進組織成效的重要策略之一。增進參與的重要性在參與率低的組織尤為重要。

㈤改進成員的認知與態度

　　此項策略的要義在促進組織成員對於組織目標與意義的認知，以及增進其積極推展目標與意義的態度。使其對組織的目標與意義都有充分的認識與認同，並能積極參與行動，共同為組織的目標賣力，能如此必可促進組織的成效。

㈥改進領導方法

　　領導方法的好壞對於組織成效影響也甚為重要。好的領導方法很多，包括要能聽取成員的問題與意見，激發成員對組織的向心力及團結力，有能力維持組織的秩序不使其混亂。此外，領導者要能做好模樣，使成員心服口服，鞏固領導力量，增進組織效率，促進組織的功能與成效。

(七)改善組織文化

　　組織文化包括組織的價值觀念及內部的風氣等，此種因素對於組織成員的工作士氣會有很大的影響，對於組織成效也有密切的關聯。為能增進組織的成效，有必要改善組織文化，使組織成員樂意為組織效命與貢獻。

(八)反省與評估組織得失

　　組織內部要能勤於反省並評估組織本身的得失成敗，這是改進組織的成效所不可或缺的策略與方法。組織能勤於反省與自評，才能得知缺點與錯誤，對於缺點與錯誤能加以改進，組織的成效也才能確實發揮並達成。

(九)使用其他的策略與方法

　　除了上述各種重要的策略與方法外，組織可以改善成效的內部策略與方法還有很多，組織若能從更廣闊的角度與方面加以探討，必能找出並獲得更多有效的改進策略與方法。

第十四章
組織的變遷、發展與
衰敗

第一節　為何要研究

研究社會組織有必要研究其變遷、發展與衰敗等現象，重要的理由有下列幾點。

■一、組織隨時會有變化，需要加以瞭解

社會組織與其他生命體一般，在許多層面上會因時而變，從外到內，包括所處的環境會變、規模會變、結構會變、功能與目標會變、管理方法也會變。對於這些方面的變化，若不加研究，就無法瞭解。當組織的性質變了，若不跟著以瞭解變遷的角度與眼光去瞭解，則所認識的組織已不是真實的一面。故為瞭解其真，有必要對其變遷加以研究。

■二、組織都傾向發展為其變遷的目標

組織的變遷有順從自然之變，也有經過計畫或有刻意目的之變，而後種變遷都以朝向發展為目標。故在研究組織因時間而變化時，有必要特別注意組織的發展。由研究組織的發展，而可瞭解組織的意圖及前途，以提供有意加入組織者之參考。

研究組織發展的另一項重要理由是，發展是多數組織的普遍及重要的變遷方向。故瞭解組織的發展，也是瞭解組織變遷所必要的著眼點。

■三、組織也都有衰敗的現象

社會上很少有一個組織可永世長存的，會衰敗是必然的現象，只是衰敗的發生有時間長短及速度快慢不同而已。故要瞭解組織變遷，不能忽略組織的衰敗，否則就看不到組織變遷的最後階段現象。若缺乏對組織衰退的瞭解，則對組織變遷的瞭解是不完整的。

第二節　社會組織的重要變遷面向

社會組織變遷的重要面向有五大方面，都值得研究與探討，將這五方面的變遷討論如下。

▌一、所處環境的變遷

環境是組織的外在變數，對組織的許多方面都會有影響，故要瞭解組織的變遷，有必要從組織環境的變遷先加探討。

組織的外在環境包括許多方面，重要者有社會的、經濟的、政治的、人口的、國際關係的、法律的、區位的等，這些環境方面的條件無時不在變動。至本章走筆時，台灣的社會環境變得不如從前之安定，治安條件並不良好，經濟景氣也變得較為蕭條，政治方面因黨派紛爭不斷，故也不甚安定。人口方面顯得自然成長較為緩慢，而國際遷移，尤其是兩岸之間的遷移有較前頻繁之勢。國際關係方面，也有頗多變化，尤其是兩岸的關係，變得較以前更為開放，但關係並未改善。至於區位方面的變化，在自然環境條件方面並無太大改善，自然災害常發生，污染問題也每況愈下。這些環境條件的變化對不同組織的影響各有不同。但有幾項較明顯的不良環境條件，對各種組織都有共同的不良影響。重要的不良環境條件，包括不良的社會治安、政治黨派的紛爭、兩岸關係的不和平、經濟的不景氣，以及自然環境破壞等，對於各種組織的影響都是負面大於正面，使絕大多數的組織都呈現不穩定、不安全，也不很積極。

▌二、規模的改變

組織在規模方面的改變是其變遷的一重要面向。規模改變的方向有三種不同的情形，一是變大、二是變小、三是不變，故討論組織規模變遷時，首先要確認變向何種方向，以及其變化的程度。此外，對其改變的原因與後果，也是必要探討的重要課題。

■三、結構的改變

　　組織的結構有如其外形，故要看組織的變遷，有必要看其結構的改變。有關結構變遷的重要研究內容，可細分成兩方面觀看及說明。

㈠重要的變遷面向

　　看組織結構變遷，主要看下列四項：(1)複雜化或簡單化的趨勢，(2)正式化的程度，(3)集中化的情形，(4)結構的調整方向。

㈡結構變遷的意義與影響

　　研究組織結構變遷除看其變遷的面向外，更要看其變遷的意義及影響。其重要意義一般有三點：(1)表示進步或衰敗，(2)表示有特殊目的關聯，(3)表示變遷過程中所經過的特定階段或路線。

　　至於組織結構變遷的影響，主要包含兩大方面或兩大要點，一是影響組織的功能，二是影響組織內部及對外的互動模式或關係。

■四、目標與功能的改變

　　組織變遷的另一重要面向是其目標與功能的改變。重要的改變內容可再細分成三方面。

㈠量的增減

　　量的增減是指目標企求達成分量多少的增減或實際克盡功能分量的改變程度。量的增減，包括以計件、計重、計錢等不同計算方法。

㈡質的改變

　　組織的目標與功能的重要改變，除量的增減外，質的改變也很重要。組織的品質是指包括其產品的品質、成員的品質、設施的品質，以及管理與領導的品質等。

㈢改變的原因與後果

　　要更深入瞭解組織的目標與功能的改變，除了瞭解量變與質變的性質外，對其改變的原因及後果的瞭解也是很重要的。由瞭解其原因

及後果，除可以更清楚判定目標與功能的改變是否正確與適當，也可進一步瞭解更適當的調整方面。

▌五、管理的改變

對組織管理的改變的認識與瞭解，也是瞭解組織變遷的另一重要方面。此方面的重要變遷可再細分成下列三小項。

㈠領導型態與決策形式的變化

領導與決策是管理的頭一要項。管理者的領導型態常是決定管理的風格與內容。又決策是管理過程的起步，決策下定後，也大致確定其他管理項目的方式與內容。故要看管理變遷，首要看領導型態與決策形式的改變。

㈡計畫的改變

計畫是管理過程不可缺少的步驟及內容，故由計畫的變遷也可看出管理變遷的許多性質。計畫的內容改變，往後執行與控制的管理內容，也都會受到影響而有改變。

㈢執行與控制計畫形式的改變

組織計畫形成後，一般都接著執行。在管理上除要按計畫執行外，也需對執行做好控制，不使執行上有偏差或不力。故要看組織管理的變遷，由執行與控制計畫的改變也可明顯看出大概。

第三節　社會組織演變與趨勢的理論

過去社會組織學家對於社會組織變遷的研究已能深入與周詳，更有提出新理論者。就重要的理論家及其理論要點分別摘要如下。

▌一、烏格朋的文化累積論

美國社會學家烏格明（William Ogbun）在 1930 年代及 1940 年代時，對社會組織中文化方面的變遷曾作深入的研究，提出文化累積

（culture accumulation）理論。此一理論的要點是說，人類在組織生活中所創設的物質文化及社會技術都具有累積的作用，以前的文化可以成為後來創造新文化的基礎。人類社會將所創造與發明的文化不斷累積，使人類社會組織的文化及文明變為更加雄厚。烏格朋在提出文化累積理論時也提到了著名的社會變遷失調論。（Olsen, 1968，265頁）

二、結構與功能的分化變遷論（structural and functional differentiation）

此種理論的要點是指社會組織變遷的發展，是由於有些組織具有多重目的性，使其結構與功能逐漸分化。（Olsen, 1968，267頁）提出此項理論者主要為結構功能理論的社會學家。從早先法國的社會學涂爾幹（Emile Durkheim, 1893-1895）提出分工論，已點出了社會功能分化的論點。後來柏森思（Talcott Parsons），對社會結構變遷的性質，也建立了著名的理論。其理論的要點是指社會結構變遷的發生，是起於原來平衡的社會結構或體系受到干擾，而變為不平衡狀態，再經調整而改變成一種新的平衡狀態，這種結構變遷也是社會體系的變遷。

三、區位發展理論（ecological development）

此種理論的要點是指社會組織的演化與變遷，是經由其經濟活動配合環境條件，取得資源，維持組織中的人及組織的生存與發展（Olsen, 1986，266頁）。提出這項組織變遷的理論者主要為人文區位學家。重要的理論家有哈雷（Amos H. Hawley），強調社區在人類社會組織生活與發展中的重要性；鄧肯（Otis Duncan）提出人文區位結叢理論（human ecological complex），依其論點，社會組織及變遷受人口、環境及技術等三個因素所影響。此外麥肯如（Mckenzie）提出區位過程論，指人在社會生活中會經過競爭、入侵、延續及隔離的區位過程。此外費利（Water Firey）及謝威奇（Eshref Shevky）分別提出在都市變遷過程中會形成社會區域及文化區域的理論。人文區位學派所指組織變遷的理論，都著重在人類的社會組織生活與地理及空間環境關係的變化上。

▌四、社會菁英促變說或組織變遷漸成說（epigenesis）

　　此一理論由伊特吉歐尼（Amitai Etzioni）所創。理論的形成，係先假設組織或其中的個人先接納集體性社會生活的目標，為達成此種目標，乃設立新組織或擴大新組織，組織目標是被逐漸達成的。此一理論又很強調組織的變遷或演進受組織的菁英影響最大。菁英運用其權力來進行組織的擴大或創造，並使組織變為整合性及有功能。（Olsen, 1968，267-268 頁）

▌五、現代社會組織變遷的理論

　　此種理論強調在現代社會中有數種重要過程，這些過程促成大社會在這類大方面上發生變遷，影響社會中的許多組織朝同樣的方面發生變化。現代社會的重要社會過程與變遷有下列這些。

㈠工業化

　　這種社會組織變遷的細項內容，包括⑴機械化的大量生產。⑵社會組織由前工業時代變為工業時代，再變為後工業時代。⑶組織使用科學與工程技術於機械的利用上。⑷社會上農業生產有剩餘，可支持工業發展。⑸社會以政治整合與合作為工業發展的條件。⑹社會組織由控制經濟來影響社會生活。⑺社會中存在階級差異，因而會產生社會衝突。

㈡都市化

　　此種過程與變遷反應都市社區規模與權力的擴大，足以支配全社會文化。當社會組織生活朝向都市化的過程中，居民的生活方式逐漸脫離農業，人口不斷往都市及四周集中，相近的都市擴充後連成一體，形成都會區（metropolitan areas），又全國多數都市的發展會造成政治權力的分散。

㈢科層化

　　此種變遷理論是指社會組織趨向層級結構及水平分工的合理化過

程，由德國社會學家韋伯（Max Weber）所提出。社會組織的科層結構都形成金字塔型。

㈣集中化

這種過程是指社會力量的集中，由少數人控制各種社會行動，但由合法化的權威支配組織各部門。這種權力的集中化是由工業化、都市化及科層化所引發的。長久之後，社會組織會形成由少數人控制的局面。

㈤民主化

民主化的組織中，領袖由民選過程產生，領袖的權力受到合理的限制。國家、社會存在多數的政黨，可相互競爭或輪流執政。組織中的成員有充分發言、信仰、參與及遷徙的自由，其自由受法律的保障。

第四節　組織發展

■一、含義與指標

組織發展的含義可從多方面或多種角度加以闡釋與說明，不同的方面也是其不同的指標。

㈠就投入產出方面言

投入產出是組織活動的重心，組織經由投入與產出而展現其生存的活力與成就。就投入與產出方面看，組織發展即是指投入與產出量的增加、成長與擴大。

㈡成員心智與規章制度的成熟

組織發展較內在方面是指成員心智及組織規章制度的成熟。由於成員心智及組織規章制度的更成熟，可使組織的運作，表現得更為成熟穩固，更少有缺陷及遺漏，對於組織發展會有正面的助益。

(三)效率的提高及效能的增加

　　組織的發展也呈現在其效率的提高及效能的增加上。隨著效率的提高，組織的業務便能蒸蒸日上，隨著其效能的增加，才能看出組織更具有發展的前途。

(四)目標與結構的複雜化與分殊化

　　組織的目標與結構，代表組織的本質特性。發展性的組織，其目標通常會更為擴增，因而更趨複雜化，結構必然也會更複雜與越分殊化為之應對。反之，其目標與結構若趨於簡單化，則反應其業務也越萎縮，並非發展的象徵。

■ 二、組織發展的策略

　　為使組織能順利快速發展，組織本身必須施展若干相關的重要策略，不能任其自然演變，否則發展速度無法加快。將重要的發展策略指出並說明如下。

(一)妥善的規劃策略

　　組織發展的重要規劃內容，包括目標的設定、結構的設計、人事的安排，及行動過程的計畫等。這些發展計畫必須妥善，組織才能有效發展。至於規劃的時機，包括在組織成立之前及成立之後的兩個不同階段。成立前的規劃是整體性提供藍圖，故也是基本性的規劃；成立後的規劃常是較局部性、修正性、或問題解決性的。

　　規劃的工作可由一位專人或少數人為之，也可由多數人或組織所有人員共同完成。主要視組織的性質及成員的數量及品質水準而定。較為民主性的組織及關係較多人福祉的組織，必然能較容易接受由較多的人參與規劃。

(二)技術或觀念創新的策略

　　組織要發展必須在技術及觀念上不斷創新。要使組織的技術及觀念能有效創新，則組織中常設立研究發展部門，由專人潛心研究發展

新技術及新觀念，提供組織使用。

　　有不少規模較小的組織，無力養護經常性的研發部門及人員，乃與專門從事研究發展的組織訂約合作，藉用其研究成果，應用於組織的用途上。此外，由出資購買新技術及新觀念或新方法，也是另一種促使技術或觀念創新的一種策略與方法。此種策略則較簡便，但非根深蒂固，很容易受到有技術及觀念創新者的刻意阻撓或不願合作而無法使用。

　　在許多新興的工業國家，常由模仿或剽竊的方法或過程，取得新技術及新方法。但此種方法或途徑也因為發明權或專利權逐漸受到重視及更有效的保護而越難以得逞，模仿及剽竊常因露出破綻而受到重罰。

㈢教育組織分子的策略

　　組織要能發展，只有規劃良好的目標、結構與行動過程等是不足的，必須使組織中的每個分子能起而行，並能行之適當，配合組織的目標，朝向達成目標而行動。但不是所有的組織分子都能自動表現良好的配合行動，故組織必須施以教育，使每位組織分子都能勝任合適的角色，表現適當的行動，為組織克盡功能。組織中人人能扮演適當的角色並表現良好的行動，則整個組織的分子便能表現團隊的精神與行為，為組織解決問題，並促進組織的發展。

㈣評估組織解決問題的策略

　　組織要能發展，必須經常檢查並評估其體質及產出的效能，從評估與檢查的過程中發現其問題或病癥，進而設法解決問題，去除病癥。這種策略看來很平常，卻是很重要。若缺乏經常性的評估工作，未能為組織問題作診斷與評估並謀求解決，則組織要發展也難。為謀求組織的發展，這種平常性的做事策略，必須認真加以採行並運用。

▌三、未來社會組織發展的重要方向

　　每個不同的社會組織，其所處的環境特殊，其自身的條件也特殊，未來其發展的方向必然不會完全相同。但一般社會變遷會有共同

的趨勢,使各種組織會面臨不少共同的環境性質,分享相當多的共同社會價值,影響其發展的方向會有一些共同之處。以下並不論述不同組織的特殊發展方向,而只論述各種組織較可能的共同性發展方向,作為預測及瞭解未來社會組織發展的重要方向之參考。卡斯特(Fremont E. Kast)及羅生維奇(James E. Rosenzweig)在其合著的《組織與管理》(*organization and management*)書中,有一章論及未來組織與管理(organization and management in the future),共列舉九點有關未來組織及管理的要點,頗具參考價值,在此摘要如下,分享讀者。

㈠順著過去的走向變

雖然有許多不可預見的因素將影響組織在未來的發展,但組織的主要發展方向仍將順著過去的變化方向而改變,然而也不能只靠過去的走向一項因素,新增生的文化性質也是不可忽視的影響因素。綜合過去的傳統與新生的文化,將影響未來社會組織發展的因素,包括自由、民主、科學、技術、尊嚴、平等、個人主義、自我實現及重視生命的意義等社會價值與文化性質,都將成為影響未來民主社會組織發展的重要因素。

㈡面對快速的環境變化

未來組織面對的自然環境,將因科學、技術及教育的進步,而擴大其變動性及不確定性,對組織的影響範圍變大、程度變深。組織應對環境變化的方法也將變為更有彈性、更動態化,也更複雜。

㈢組織的活動範圍擴大

擴大的範圍包括增多跨國的組織。此外,組織對公眾服務的領域也將擴增,組織之間的互動及相互影響因而也將增廣。此種發展方向是延續過去發展的趨勢。組織在擴大活動範圍的同時,將變為更具彈性與動態。

㈣不斷應對技術的變遷

過去人類組織能應用技術直接有效解決社會問題,故未來的組織

將朝向不斷應對組織變遷，而能有效使用技術的方向變化。但在運用技術的過程中，將逐漸重視其心理滿足的問題。亦即將技術變數更多從人性面去考慮，不讓技術摧毀美育的精神價值及社會價值；即能在維護這些價值下使用技術。

㈤對社會變遷的反應

　　未來組織發展將深受社會變遷所影響，而重要的社會變遷影響因素，包括消費主義、分散的權力、種族關係、貧窮、變動的家庭分子關係、都市病態、健康照護、對休閒的接受，及提供工作滿足的機會等。這些問題的複雜性不亞於經濟因素及技術因素，組織要先能精確預測其變遷，並發展應對的方案。

㈥發展出民主人道的體系

　　未來的組織不能只顧技術發展，更應重視發展能更合乎人道的體系，或更人性化。合乎此種體系的目標，包括：(1)有更佳品質的工作生活，(2)權力更平等，(3)更具創造性與創造力，(4)更協調的心理社會體系。

㈦更動態性並更具彈性

　　因為未來組織的環境變化不定，故未來的組織將會走向較具適應性及有機性的體系（adaptive-organic system）。亦即要較有權變的觀點（a contingency view），更能針對特殊情境而表現適當的應對方式。

㈧管理體系也將有演化

　　隨著組織規模的大型化，未來組織管理將會有重大改變。重要的變化，包括走向專業管理及適應有機的管理體系。在此種發展的過程中，管理者的角色將會擴權以之應對，管理行為更動態性（dynamics），並能多做協調（coordination）。大致看來，未來管理角色將更複雜化。

　　此外，未來的管理必須要能有效運用知識，知識要能有效運用，有必要更新充實。要能具備科學及行為科學知識，才能發揮更動態性及適應性管理的功力。

(九)研究及實驗的重要

　　未來為能增強知識並對組織作有效管理，則必須多做研究與實驗。研究與實驗的要點，包括對有關組織的創新知識及其應用在管理實務上的原理及經驗，使研究與實驗能對管理實務更有效改進。

第五節　組織的衰敗與死亡

■一、被忽視的課題

　　以往研究組織的變遷都較重視對發展的研究，卻較忽略了探討組織的衰敗（decline）及死亡（death）的課題。事實上，社會上不少組織都有過衰敗與死亡的經驗。社會組織學家或組織社會學家忽略對組織衰敗與死亡的研究，重要的原因有二，第一，自二次世界大戰以後，很長一段時間世界各地的經濟都呈現擴張與發展，社會組織也普遍呈現成長與擴張，組織的衰敗與死亡並不多見。第二，有關組織的衰敗與死亡的案例都較特殊，較難通則化，不像組織成長能容易看出其與年齡呈相關性，普遍符合需求與期望，也具有表現組織成效的指標等通則，故有關組織衰敗與死亡，較少能獲得研究者的重視。由於過去對組織的衰敗與死亡缺乏探討與研究，致使組織管理者很難獲得充足的知識與經驗去管理衰敗與死亡的組織。因此顯得組織社會學或社會組織學在探討組織變遷與發展的同時，有必要也應探討組織的衰敗與死亡的問題。

■二、組織衰敗的跡象

　　組織衰敗有多種跡象可循，就重要的衰敗跡象分別列舉並說明如下。

(一)外貌顯出萎縮的跡象

　　組織衰敗的跡象與其他多種生命體一般，不難從其外貌的萎縮看出來。組織外貌的萎縮，反應在成員的減少及設施的減少。雖然有時

組織減少成員與設施是為能更適當調節組織的規模與結構，但這種變遷必然不能表示是組織的成長；反而是其衰敗的可能性很大。

㈡活動與業務功能減少

組織的衰敗也常表現在活動兼業務功能的減少上。當組織的活動與業務量減少了，其功能也必然會縮減，也是其體質衰敗的象徵。

㈢績效變差

當組織衰敗時，其績效必然也變差。對於社會上許多數量的企業組織而言，其績效的好壞表現在獲利的有無及多少。衰敗的組織不但無利可得，且呈虧損狀態，嚴重者呈現負債累累。

㈣不能被成員及顧客所滿意

衰敗的組織，因功能差，績效不良，必然也不能為成員及顧客所滿意。此種跡象是存在於成員或顧客的內心中，但經其表現，便能清楚見之。

■三、影響組織衰敗的因素

影響組織衰敗的因素，一般可歸納成組織的內在因素及外在因素兩大類。所謂內在因素係指由組織本身的缺陷所引起，外在因素則是指組織外部的突發事件或不可預測與控制的條件所引起。重要的常見內在因素有目標不當、經營與管理不善、組織結構不良、組織成員工作不力等。至於常見的重要外在因素則有經濟蕭條、治安不良、政治不安、國際關係欠佳，以及自然災害等。上列各種內外在因素都還可再細分。

有些組織社會學家對於組織衰敗因素則有較特殊的說法，費騰（David A. Whetten）將組織衰敗（decline）的來源（sources）舉出四種類別：㈠組織萎縮（organizational atrophy），㈡受傷性（vulnerability），㈢喪失合法性（loss of legitimacy），㈣環境函數（environmental entropy）。就 Whetten 對這四種組織衰敗來源的論說扼要說明如下。

㈠組織萎縮

組織萎縮係指組織內部能量不足、成效與生產力降低，於是其生產萎縮，目標無法實現，呈現不切實際。組織對市場也失去反應的能力。過去的成功卻孵育了失敗的併發症（success breeds failure syndrome），即失去了過去的風光與成就。因為長期以來決策規劃、操作程序與政策未變，未能對環境作適當的應對，形成老舊而不合適宜，乃出現退化與衰敗。當麻煩增加、壓力更大時，情況更糟。1973年美國的汽車公司因阿拉伯國家石油禁運，都出現了這種衰敗的情況，最近台灣的企業組織也因資金出走而紛紛關門。

㈡受傷性（vulnerability）

據 Whetten 的說法，組織的受傷性受其年齡因素的影響甚大，一般年輕的組織缺乏合法制度可獲得資金，尚未能發展適應的技術，學習能力很有限，對環境影響的運用也很不足。在公部門的組織，受傷性方面常見於其缺乏抵制裁減預算的能力，形成的因素，包括政治性微弱、知名度低、規模小、內部衝突性大、經常更換領導者、專業的基礎缺乏等。

㈢喪失合法性（loss of legitimacy）

組織的合法性常建立在其目標及其實現目標的架構上，當組織的合法性喪失，被顧客、政客、員工、股東及大社會接受的程度變低，組織要反抗外界的批評及獲取外界資源與支持能力，乃會受到阻礙。過去美國女童子軍（the Girl Scouts）、救世軍（Salvation Army）及聯合傳道（United Way）的合法性都高，故募款相當成功，但許多其他的組織就缺乏這種條件與性質。

㈣環境函數（environmental entropy）

Whetten 所說第四種導致組織衰敗的因素是環境函數，意指當支持組織的環境能力消失了，組織的衰敗也同時發生。環境對組織的支持失效，將導致組織難以生存，甚至死亡。環境因素在不可預告或無

法控制的情況下，對組織常會形成危機因素。金融檢查導致外資流失、船運罷工導致聖誕禮物難以輸入、郵票漲價導致雜誌郵寄困難，以及股票市場崩盤都是環境因素引發組織危機的例證。在公部門常見影響組織衰敗的環境函數，有縮減計畫、預算、凍結聘僱人員，或遲延撥款、變更用人或分配資源的策略等。社區中重要企業的外移，對社區經濟的影響也很大，使許多必要的元素都相繼離開社區，使其公共服務快速削減與衰敗。

▌四、組織危機的轉型（crisis transition）

　　組織的衰敗通常不是一發即逝的，而會經過數個明顯不同週期。組織社會學家海伯格（Hedberg）研究數個組織衰敗的過程，將其分成四個階段：㈠照舊運作，但可能付出更多（doing as before, but more），㈡醞釀風暴（weathering the storn），㈢遺忘舊時（unlearning yester-day），㈣開創明日（inventing tomorrow）。（Arthur G. Bedeian, 1985，339-341頁）就此四個階段或循環扼要說明如下。

㈠照舊運作，但可能付出更多

　　組織的危機剛開始時，情況是即使照舊努力，成效卻不如從前。為了營救以往的成效，組織得付出更多的努力，這時期組織常會認為此種危機只是短暫的，故常會頑強抵抗，不作創新求變，股東為了營救財務危機，常用增資來彌補財務的損失或破洞，但不一定有效。

㈡醞釀風暴

　　危機發生之後的短期內，組織分子仍認為是短暫現象，以為經過努力挽救就會過去。但當時間過去，危機沒有解除時，成員將漸感失望，並表現冷漠離心，個人相互推諉塞責，決策逐漸改變，不再堅持舊制。組織乃體會到不該再走老舊的路，此時也即是風暴已將來臨。

㈢遺忘舊時

　　當組織的危機變為更加使人傷痛，並難以脫離恐怖與不穩定之後，舊日的迷思與行為乃會被拋棄，而逐漸形成新的思考與行為。設

立新目標，給每個組織成員新角色與新任務。組織將舊的領導者放棄，找出新領袖來領導組織應對新的環境情勢。

㈣開創明日

組織經過拋棄老舊的階段，試圖重建新局面，應對新環境，重新拾回信任與信心，共同創造新的未來。

▌五、組織衰敗的影響或後果

組織衰敗之後，在未完全死亡或消滅之前，都會變成較僵硬、較缺乏彈性，在此情形下，組織為圖生存都會作些改變與調整。本節將論述組織衰敗後對其內部關係及對外關係的影響。組織社會學家格林海（Greenhalgh）指出五方面的重要影響或後果。（Arthur G. Bedeian, 1985，341-345頁）。

㈠對組織領袖的影響

組織衰敗時，首先要調整或改造的是更換領袖與管理人員。新的領導者與管理者有新觀點與新作用，可對現存的政策與計畫做出較有利的更改，使組織的作為能與環境情勢作較佳的結合，因而可使組織展現較前為佳的功能與成效。美國許多大組織在組織走下坡時都經過更換領袖，使組織轉危為安。

㈡對創新的影響

組織衰敗的第二個影響或後果是喪失創新，於是應對環境的能力變弱。組織衰敗對創新的失效可從三方見之。第一，衰敗使決策錯誤，於是更加衰敗；第二，衰敗導致否定主義、不顧冒險及不信任，於是阻礙創新；第三，衰敗減少組織對參與者的支持，於是減低其創造力。

㈢對工作人力組合的影響

組織衰敗可能導致工作人員的大翻盤。優秀的工作人員可能出走，組織的競爭力減低，組織的創造力失血，留下資格不佳的員工，

對創造力無功，可能加速組織的衰亡。

　　由於組織中的優秀分子流失，留下同質性的低層人員，使組織工作人員的年齡組合、性別組合、教育組合及種族組合的差異性減低。

㈣對組織與興趣團體關係的影響

　　當組織衰敗時，獲得資源的能力變低，也無法滿足個別團體的需求，以致喪失對許多興趣團體的吸引力。此外也因組織衰敗，致使其與外在其他許多組織對資源的競爭更為激烈，最後許多弱勢組織將被犧牲。

㈤對其他變遷的影響

　　組織衰敗具有多重效果（multiplier effects），即衰敗的組織會引發與組織有關體系其他部門的反應，這種影響可從下列五點見之。

　　1. 越是重要的衰敗，組織對支持體系的影響將越大。

　　2. 組織衰敗的重要性越大，對其支持體系的影響也越大。

　　3. 支持體系與組織關係越緊密，其受組織衰敗的影響也越大。

　　4. 依賴衰敗組織產出越大的其他組織，所受到的影響也越大。

　　5. 無衰敗組織的投入就少能改變用途者，所受到的影響也越大。

■六、組織的死亡或消失（death or dismiss）

　　當組織衰敗到極嚴重的程度，無力發奮圖強，或雖再努力發奮圖強，也無法生效時，組織即被宣告死亡或終結。

　　組織死亡時，設施關閉，成員解散，停止一切活動與營業，名稱也從合法資料中消失。此時社會上可能出現替代性的組織，或自此從社會中再也看不到類似性質的組織。

第十五章
組織理論

第一節　組織理論的性質、定位與類別

■一、理論的性質

各種學科都會建立理論，而所謂理論與一般敘述與說明有所不同，其重要性質約可包括四點，談社會組織的理論時，也必須掌握此四種理論的性質。

㈠概念化

理論是一種合乎邏輯又是概念化（conceptualization）的陳述或命題（statement）。概念化亦即指具有一般通則性理念（a general idea）的含義。

㈡包含多變數之間的關係

一個理論通常都包含多個變數之間關係的陳述或命題。如果陳述或命題中只涉及單一變數，通常只能稱為敘述，而難以成為理論。

㈢可用一般性的說法，也可持某特殊觀點與立場

理論在陳述兩個或更多變數之間關係的概念時，可就兩變數之間任何的方面，說出一般的關係性質，但也可持某特殊觀點與立場來說明兩變數之間特殊方面的關係。這種有特殊觀點或立場的理論，常要落入特殊學派的看法。

㈣是一連串有關聯的概念

一個理論可以是比較簡單的情況，也可以是很複雜的情況。越複雜的理論，所串連的關聯機會越多。總之，一個理論都串聯了多個有關聯的變數或概念。

■二、理論的定位

與非理論性的敘述比較，理論有其較特殊的地位。可將理論的地

位奠定在下列幾方面。

(一)理論比事實的分析具有較高程度的抽象性

一般事實的敘述與分析都較不用或少用抽象的概念，但理論則較常用或較多用抽象的概念來陳述變數之間的關係。其抽象的概念與程度比事實的陳述及分析都高，故接受者常要經過一番思索與想像才能較徹底瞭解。

(二)理論可引發出新的概念與見解

理論的價值在能使人據以引發新的概念與見解。新概念與見解可經理論的刺激、引導或影響而產生與啟發。

(三)以特殊觀點出發所建立的理論可成一家之言

特殊觀點的理論，其注意的焦點特殊，所關切之變數間的關係也特殊，故其建立的理論也很特殊，乃能成一家之言。其說法與別種論說比較，都有其特別之處。

(四)組織理論與社會學理論有密切的關聯

組織的研究基本上是從社會學的基礎出發，組織性質的分析與組織理論的建立，也以社會學觀點與方法做為基礎。故各種組織理論都可納入社會學理論的體系中，兩者之間的關聯密切，亦即各種社會學理論都可被用為發揚組織理論。本章下面各節所要介紹的組織理論，也都藉用各種社會學理論觀點與精神來建立的。

(五)理論研究可做廣泛的介紹、批判及比較

組織理論的研究可從多種方面入手，常見的幾種重要研究角度或方向，包括介紹理論的內容、批判理論並試圖修正理論，也有將兩種或更多相近的理論加以比較，主要內容在比較其異同或相關之處；也有將研究的目標放在建立新理論或修正舊理論的研究上。有如此多方面可供組織理論去發揮，故有不少組織理論家不斷在努力從事組織理論的研究。

■三、組織理論的類別

　　過去組織社會學家或社會組織學家所建立的理論為數不少，也有
組織理論家並未將本身的理論明確加以定位，經後來的組織社會學家
將其理論的內容與性質，加以歸類後才給定位者。本節先就國內外三
位組織社會學者對組織理論的分類及其內容扼要加以列舉，作為下列
各節再對各種重要理論作較深入介紹的基礎。

㈠張苙雲的分類

　　張苙雲在其組織社會學（三民，1990）一書中，將組織理論分成
三大學派，即⑴管理學派、⑵人群關係學派及⑶結構學派。管理學派
最早興起於十九世紀末期，由 Taylor 所創。人群關係學派則起自 1930
年代前後的霍桑實驗研究。而結構學派則興自 1938 年 Barnard 的著
作，及 1950 年代 Max Weber 的作品被翻譯成英文以後。有關此三個學
派的理論要點在前面相關章節已有說明，於此不再贅述。

㈡ Mar vin E. Olsen 的社會學科分類

　　美國的社會組織學家 Mar vin E. Olsen 在其著作《社會組織過程》
（*The Process of Social Organization*）（Holt, Rinehart and Winston,
1968）一書中，介紹了六種社會學的社會組織觀點或理論，此六種理
論分別是：⑴交換理論（exchange theory）、⑵互動理論（interaction
theory）、⑶區位理論（ecology theory）、⑷權力理論（power the-
ory）、⑸規範理論（normative theory）及⑹價值理論（value theory）。

　　上列六種理論對於社會組織並無特別的貢獻，卻是當今很代表性
的社會學理論，故也成為重要的社會學觀點的社會組織理論。有關各
種社會學派的組織理論的一部分，將於本章其餘各節分別介紹其重要
的概念與觀點。

㈢李察霍爾（Richard H. Hall）的分類

　　另一位美國的當代組織社會學家 Richard H. Hall 將組織社會學理
論歸納成兩大類，每大類再細分成數小類。其對於組織社會學理論的

分類是先分成理論傳統（theoretical traditions）及當代組織理論（contempory organization theories）。再將此兩大類的細項列述如下：

1. 理論傳統（theoretical traditions）

　　(1)管理理論（management theory）。

　　(2)技術理論（technological theory）。

　　(3)經濟理論（economic theory）。

2. 當代組織理論（contempory organization theories）

　　(1)自然選擇模式（the natural-selection model）。

　　(2)資源依附模式（resource-dependence model）。

　　(3)目標模式（bring goals back in or goal model）。

　　(4)非決策或決策模式（nondecision and organization action or decision making model）。

　　Hall 所列舉當代組織理論的各種細項與從前的組織社會學理論頗為不同，各種理論的要義將於本章其餘各節分述之。

▌四、理論間的整合與選擇

　　上列三位中外組織社會學家所列的組織理論共有十餘類，不同學者所列舉的理論之間有部分重疊者，又因為若干理論在本書中已有專章使用與理論名稱相同的章名，內容也已部分涵蓋了理論的成分，故都不擬再作介紹。剔除不同作者所重複介紹，又在本章中已有專章為名的若干理論，則本章只選擇下列若干，經過整合後理論，也為過去較少探討過者，加以介紹並說明。這些理論是：㈠權力理論，㈡規範理論，㈢價值理論，㈣人文區位理論，㈤資源依賴理論，㈥理性權變理論，㈦交易成本理論，㈧制度理論，就此八種組織理論的要點，分述於本章下列各節。

第二節　權力理論（power theory）

▌一、理論概要

　　權力理論的主要著眼點在關切權力對組織學派的影響。重要的權利理論家都為歐洲的學者，包括馬克斯在內。馬克斯強調階級與權力的關係，其他理論家則有重視菁英分子（elites）與權力的關係者。

　　權力理論將組織中的社會權力分為力量（forces）、權威（authority）、支配（dominance）及吸引力（attraction）等四大項。多數的理論家認為組織中的權力分配不均，而組織的權力分配也決定了組織的結構與功能。組織中分子的權力不同，其活動方式也不同。此外，權力理論家也認為此項理論包含下列幾點基本假設。

▌二、權力性質的假設

　　㈠權力係經由組織而創造，因組織使其成員所管理的行為活動不可分割，組織賦予組織權力，來完成任務。

　　㈡權力在組織內指經由社會關係而產生，不能孤立存在。

　　㈢權力要在組織能維持的情況下才能存在與行使。一旦組織解散，社會關係不存在，權力也不會存在。

　　㈣組織分子行使權力時有其自主性，但也有其集體性。

　　㈤組織分子權力的大小，視其擁有資源多少及其抵制力（resistance）多少而定。

　　㈥組織中的社會權力可達及各方，下可達其屬從，水平方面可達到平輩、同事，向上則可達到上司。

　　㈦組織中的權力可用來創造新秩序，或使秩序延續。

▌三、組織中權力分配不均的理由

　　組織中的權力有一特性是分配不均（unequal distribution），其理由有下列幾點：

㈠不同的組織分子,可作為控制生財的資源及可運用方法的力量有差別。

㈡不同的組織分子,掌握不同的合法權威。

㈢不同的權力可支配與控制組織中資源與訊息,活動的力量不同。

㈣組織內的某些人握有優勢的品質。

㈤整個組織或組織中的一些人,喜歡代表或表達權力。

㈥組織中有權力的人比別人更有組織,也更團結。

㈦組織中的許多分子對集體性的責任感到冷淡,而樂於將領導力給予別人。

㈧組織需要有集中控制的功能。

㈨組織需要創造及操縱迷思的概念來支持規則的合法化。

㈩組織中有某些人較會運用權力。

■四、組織中的權力結構型態

組織的權力理論很關切權力結構,亦即關切菁英分子或統治階級如何運用權力。為便於分析,常將組織中分子分為有權力者及無權力者兩種。也有理論家指出組織中都包含最高的菁英(top elite)、若干副菁英(sub elites)、競爭的菁英(competing elites)或相對的菁英(counter elites),以及多層級的半菁英(semi elites),後者介於最高統治者(rulers)及大眾(masses)之間。

近來理論家認為每一方面的組織活動都有其權力結構,而不同方面的權力結構需要相呼應,整個組織乃成為一個複雜的權力結構體。在這種複雜的權力結構中,有權力者能夠影響並控制組織中的多數活動及無權力的大眾。

權力理論的說法差別性頗大,從相信絕對權力到自由信仰都有。有關組織中權力的概念,有越來越注重權力與組織中社會關係的關聯性。

第三節　規範理論（normative theory）

▌一、理論的概要

　　組織的規範理論強調社會組織中有共同的規範，而此種規範起於組織生活。組織中的人為解決共同問題，達成共同目標，乃發展出標準的生活方法，作為其共同的規範。

▌二、組織規範的形成過程

　　組織生活經久之後會建立文化的焦點元素（core elements of the culture），作為引導及強迫個人行動的標準或規範。遵守規範成為個人的義務，而非自由選擇。以此規範束綁個人的行為，才能使組織不解體。雖然規範對組織中個人的約束與控制，常會使個人感到迷惘，但長久觀之，則其可以維持組織的秩序，可使組織生活易於預測，並使組織不解體、不混亂。

▌三、規範的類別

　　規範依其對組織生活的重要性，而可分為四種不同的類別。

㈠習慣（customs）
　　此種規範是指使組織中多數的人遵循傳統（tradition）及癖好（habit），而違反了會受到制裁但很輕微。一個文化所提供的習慣常有多種。

㈡民俗（falk ways）
　　此種規範比習慣更為重要，每人應該遵守，違者可能受處罰，但有時輕度的背離或改變仍可被忍受。

㈢道德（mores）
　　此種規範人人必須遵守，違者必定會受處罰。因為違反道德，不僅傷及他人，且會傷及整個組織或團體。

㈣法律（law）

法規是由國家制定的規範，並有條文記載，人人必須遵守，違犯者會受到嚴重的制裁。多半的法律與習慣、民俗與道德是相互一致的，若有不符習慣、民俗或道德，可能要調整與改變，否則情況會出現緊張。

四、規範對個人的意義

組織的規範是提供組織的分子遵守的，包括組織中的小孩與成人都要奉行，新的組織分子必須要能學習這些規範，並遵守規範。對組織中的個人而言，學習規範是個人的社會化過程所必須，各種規範都具有社會控制的功能，人人遵守規範乃可達成社會控制的效果。

五、規範的變遷性

組織規範不是一成不變的，而是會因時間而改變。當組織的情境改變，規範也會隨之改變，有用的新規範可能隨時發生，沒用的舊規範會逐漸消失。至於規範是否越變越使組織內部更一致、更改善，論者紛紛，不一而是，但一般組織都很需要規範來促使其整合。

第四節　價值理論（value theory）

社會學家提出價值觀與理論者很多，但以柏森思（Parsons）及其學生的影響最大。故在此所介紹的價值理論，主要以 Parsons 及其學生所闡釋者為主要參考對象。

一、四種價值的型態或層次

Parsons 將人類組織先後分成四個層次或類型的價值體系，由上而下，是㈠文化的，㈡社會的，㈢人格的，㈣有機的。文化體系的主旨在維護人類所存在的價值，社會體系注重整合的功能，亦即創造社會秩序。人格體系主要在達成目標，有機體系則在適應環境，在有機體

系之下為自然環境。Parsons 將此四種體系使用 LIGA 的概念來說明，L 是 latency 的簡稱，指文化體系的價值在暗中克盡維護的功能；I 是 integration 的簡稱，意指社會體系的價值在創造社會秩序，促成社會整合；G 是 goal 的簡稱，認為人格體系的價值在達成目標；A 是 adaptation 的簡稱，意指有機體的價值在適應環境。

　　上述四種價值體系形成條件因素的層級架構存在（hierarchy of conditionnig factors），亦即下層價值體系成為上層價值體系的條件因素。而上層價值體系多成為下層體系的控制因素，整個架構也是控制因素的層級架構（hierarchy of controlling factors）。

■二、注重社會體系的垂直與水平分化

　　柏森思使用 LIGA 系統功能架構來描述社會系統或組織系統分殊化時，分別從垂直及水平層面來分析。

㈠垂直分殊化架構

　　1.就垂直架構看，最高層為L層，亦即維護的類型，包含控制文化體系的價值。此項文化體系則與目標有關。

　　2.第二上層為I層，亦即整合層或制度層。

　　3.第三層為目標層或G層，此層包含一組角色間關係的型態。

　　4.最底層是A層，包含各種社會角色，亦即許多參與社會生活或組織生活的個體。

　　依照Parsons的說法，一個組織或社會體系都包含四個結構元素，但每個元素卻可分開獨立。垂直的分殊化可從上層往下運作到下層，反過來，也可由下層往上運作到上層。四個體系之間，需要整合是最重要的。

㈡水平分殊化架構

　　依照 Parsons 說法，社會系統或組織系統的水平分殊化，也依照 LIGA 架構運作，但 Parsons 主要在談規範或制度的整合層次。整合架構層次的四個系統分別是：

　　1. L 副系統，包括制度。

2. I 副系統，亦即整合副系統，包含社區。

3. G 副系統，即目標達成系統，主要透過人格達成目標。

4. A 副系統或適應系統，著重在經濟制度，藉此制度從自然系統中獲得必要的資源。

依照 Parsons 的說法，在一個文化體系中有一套共同的價值。價值可同時而變，但變化不大。

▌三、理論的總結

大體言之，組織的共同價值經由規範而可控制或改變所有社會組織生活。規範使集體性活動形成制度，也使人格內化。

柏森思的價值取向體系（value orientation system），是分析社會體系的結構與過程的最主要參考點，故可看為是現代社會組織理論的最主要教條。而此一社會組織的價值理論，亦是規範整合理論的重申。

第五節　人文區位理論

▌一、理論概說

人文區位學（human ecology）也稱社會區位學（social ecology），此理論建立在生物系（biology）的基礎上。主旨在研究個人在自然環境中的時空安排（spatial and temporal arrangement of individuals in the natural environment），成為社會組織理論的一種。

▌二、理論與社會組織的關聯性

依照人文區位學理論的看法，社會組織是一群人試圖應對環境，利用合適的技術知識來獲得必要的資源，以求生存並達到其他的目標。人與環境的互動與交換形成穩定的社會秩序，也形成了穩定的社會組織與結構。

■三、區位體系（ecosystem）的形成

　　為適應環境，獲取資源，人與人的互賴關係有兩種不同形式。一為異質性的互賴（symbiotic interdependence），即每個人的角色不同，乃成為合作關係的一員；二為共同性的互賴（commensalistic interdependence），即個人之間都具有共同特性，因同質而產生關係，成為共同體的單位，教會的組織即是一例。此兩種關係經久之後，使人與環境互動有一定的秩序，乃形成區位體系。

■四、人與環境關係的兩種類型

　　人與外界環境的互動形成兩種方式而存在：一為開放體系，二為封閉體系。封閉體系下的個體與環境少有關係，而在開放體系下，所有個體可直接與環境接近。各種人類的組織都介於完全開放與完全封閉之間。

■五、因互賴關係而形成組織

　　由於人與本身以外的環境形成互賴關係，於是與外界環境也形成組織關係。在此種組織中的各單位或各部門形成互賴關係，而互賴關係則著重透過經濟功能。各部門都具有特殊性的經濟功能，稱為關鍵性功能（key function），各部門的關鍵功能都凌駕他部門的同種功能之上。

　　人與環境所構成的組織時常在變動中。雖然封閉型的組織可能控制變遷的過程，但仍逃不了要變遷。唯封閉型的關係，會產生關鍵性功能，逐漸運作的結果，乃產生內部功能與結構分化，這些變化卻相互關聯在一起，並增加權力的集中性。有些分子將獲得較多資源及權力，成為組織中較重要的角色。

■六、受批評之處

　　此一理論常受到批評之處，是其不重視規範、價值與文化的概念，對社會組織也少有獨到的影響。

第六節　資源依賴理論（resource-dependence theory）

▌一、理論概要

　　此種理論將組織的決策與行動帶回考慮，此理論主要由Aldrich及Pfeffer的分析建構而成。強調決策是經組織內部的政策過程所做成。組織面對環境的條件而需做決策，組織企圖操縱環境為本身創造利益，而非被動作為環境的接受者。管理角色在此種決策過程中非常重要。

▌二、理論的假設與種類

㈠假設

　　此種理論有兩種重要的假設前提：(1)組織不能產生資源，(2)組織也不能自我提供維生的資源，因此組織必須依賴外界的資源。

㈡種類

　　組織的資源包括原料、人力、服務、生產及技術。這些資源都要依賴環境，包括依賴其他的組織。

▌三、資源依賴的含義

　　依照資源依賴的概念，可將組織看為是與環境關係的參與者，而組織的行政者是指管理環境及組織的人。資源依賴的關鍵元素在策略選擇（strategic choice），意即用選擇決策來處理環境。

　　組織在選擇或決策時，將權力安排及對外部的需求作為重要條件。組織運用權力操作環境，在組織層級結構的中、上層部分，常是最有權力者。

█四、三項策略選擇

組織對付環境的策略有三種選擇。

㈠自主決策的策略

此種決策表示組織在環境中的位置不只一種，在特定環境中，適當的後果也不只一種。組織可從多種位置或後果中作一決定與選擇。

㈡操縱環境的策略

商業廠商常由創造需求作為生產目標，甚至安排與其他組織制定競爭規則，也可能尋找透過關稅及配額來限制與外商競爭，或發展技術來增加競爭力。

㈢依不同人的不同評估原則作為策略的選擇依據

各人依其背景與價值觀來認定事實。相同背景的人，看法相同，決策也相同，但此種單一看法卻無法辨認錯誤。

█五、組織決策選擇的阻礙與守舊

㈠阻礙

組織對決策的選擇會受到阻礙，重要的阻礙有法律的、經濟的等。法律的限制，使某一組織無法進入特定領域；經濟的限制則包括某些組織活動的成本太高，或市場受舊組織所控制，新組織無法介入或插手。也有些決策限制是來自組織的力量太薄弱，無法對外在環境有所影響，以致決策失去自動性。

㈡守舊（retention）

資源依賴決策的另一重要現象，是守舊（retention）。組織常使用過去成功的適應經驗，不改其決策方法或內容，致使其維護組織老路的策略形成科層化。將舊策略用到目前的情況，未來的決策也常參照過去的紀錄，包括參照過去的角色分工、工作標準及業務說明等。

另一守舊的過程是社會化。組織將過去的文化不斷傳遞給新的成

員，包括傳遞過去發展過的智慧與規劃。此外作為組織決策機關的領導結構，也常維持一貫性，經久不易改變。

第七節　理性權變理論（rational-contingency theory）

▌一、背景

組織的理性權變理論是結合理性理論及權變理論而成。此種理論的出現，是針對補充資源依賴及人口區位理論都共同忽略目標的缺點，因目標理論忽略，將決策假設為理性的，只將組織看為是實施目標的工具。

▌二、要義

理性權變理論是將目標作為組織的政策與決策來著眼的。面對目標的多樣性、衝突性及受到環境的限制，有必要分析組織的理性權變問題。此種理論是以 1960 年代與 1970 年代所發展出來的權變理論（contingency theory）為參考基礎。而權變理論的要義是指組織的設立是與其依賴的相關環境作最佳的結合。因環境是不穩定的，組織內部必須能適當應對並設定理性的目標。此理論強調組織的內部理性與對外在環境作權變適應是同等重要的。

▌三、缺點

此一理論有若干缺點，第一，曾被批評為非理論，因未解釋為何組織會發展，以及如何做最佳發展的問題。第二，在考慮於某特定環境下作最佳組織時，未作政治性考慮，如未考慮集體爭議及最低工資與工會的契約等問題。

▌四、馬克斯主義者的扭曲及其對本理論的用處

　　馬克斯及其信徒對理性及理性權變理論有很大不同的看法。馬克斯及其信徒的分析，混合了環境決定論及理性與決策選擇的論點。馬克斯認為經濟體系的演化是不可避免的，他見到社會力量表現某些特定的歷史趨向。其對組織的分析認為係經由意識、理性及決策行動為前提，他們不僅對組織的技術決策具有高度的意識及企圖性，即使對組織的良性計畫，如福利工作及民主經驗等，都具有高度的意識及企圖性。

　　布菲法（Pfeffer）認為馬克斯的觀點，對組織的探討有兩種重要的用途：第一，有助於對工人的控制及就業關係的瞭解；第二，是不同組織間理事成員的重疊性似乎在表示階級間的理性，而階級間理性的存在，則可增進或保護組織菁英在組織中的統治地位。

　　馬克斯及其信徒的分析，使理性權變觀點受到一些挫折，雖然此種理論企圖能達到預期的結果，但事實上不一定能達到。如組織的目標不一定可達成，組織對於環境阻礙也不一定能有效克服，工人控制及階級理性的行動，有可能會使組織受到阻礙。

　　總之，理性權變理論並不保證理性必然會達到，只是試圖能達到而已。依照馬克斯及其信徒所說的理性權變理論，認為組織行動是組織在多種環境限制及機會中，對多種目標的選擇結果。

第八節　交易成本理論（transaction-cost theory）

▌一、理論的緣起

　　此種理論係由經濟學家先發展，後為社會學家所注意。理論的創始者為威廉遜（Oliver Williamson）（1975），主要目的在於解釋組織的存在與運作。

　　個人常因自己的興趣與人交易物品或服務，但交易市場的情勢很不確定，信任上的問題也很高，成本也增高，於是發展出組織及層級

結構（hierarchies）來減低交易成本。

■二、組織對減低交易成本的功能

面對交易環境的不確定性，經由組織的層級結構，可對個人行為加以輔導（supervision）、監督（auditing）、及做其他控制，而可減低環境的不確定性，減少交易成本。組織在交易市場上也可發展出對外採購、臨時僱傭及轉包等制度，從中增進效能、減低成本。

■三、交易成本理論的組織分析

從 Oliver Williamson 創出交易成本理論之後，不少社會學家將此理論納入組織分析中，Eceles 及 White 在 1988 年時曾研究多項利益中心的廠商（multiprofit center firms），注意到小廠商間的總交易成本多出其對外交易的成本。他們的發現強調社會學分析應與經濟學分析結合在一起。

拉哲生（Lazerson）在 1988 年研究義大利的公司，曾經由垂直及水平整合來擴大其規模與業務，經由創造可由公司控制新的小廠商，藉以減低競爭，節省成本。Boisot 及 Child 在 1988 年也研究 1980 年代中國試圖在市場上推動自由企業，但並不很成功。因為傳統的封建制度繼續侵入，干擾市場的運作。

交易成本理論的社會學研究，也有從攻擊經濟觀點的角度入手者。Granovetler 在 1985 年的研究指出，經濟學性的交易其實是孕育自社會關係。他認為在現代社會，經濟交易與信任（trust）相關聯。而信任的社會關係的意義，常大於經濟關係的意義。

總之，交易成本與組織的形成有關，故在社會組織研究上有其重要性。有必要將之作為組織的一種理論加以研究。

第九節　制度理論（institutional theory）

一、組織制度性的由來

組織的制度性主要建立在不同組織具有同性質的基礎上，而使組織性質相同的主要力量則有三種。首先是從環境中得來的強制力，如政府的法規及文化的期望。這些力量給組織設定了標準，如強迫餐廳要維持起碼的衛生水準。組織的制度與規則都由國家政府設定。

第二理由是組織之間互相模仿也促使組織形成制度化。依照 Dimaggio 及 Powell 的說法，組織會相互模仿（mimic），以公立學校為例，不同的學校間在制度環境中都流行相似的規範、價值及技術。在十九世紀後期日本的法院、郵政制度、軍隊、銀行及藝術教育等，都效法西方的模式。

第三種力量則是規範的壓力，這種壓力迫使組織的工作力量（workforce）特別是管理，成為較專業化。專業的訓練與成長及組織中對專業網絡的苦心經營，使組織中的專業管理人員的作為少有差別。參與同種交易及專業結社的人，其觀念都會移向相似性。

從制度的觀點看，組織的設計並未經過理性的過程，而是經由內外壓力去引導組織相互效法。組織對成員的控制也是得自制度的命令。

組織的制度理論也很強調符號。制度使組織發展出相同的性質，政府的政策使組織面對共同的迫切性。

二、組織制度理論的盲點

組織的制度理論共有四個盲點，也是四個問題，這些盲點或問題使此理論的吸引力受到挫折。這四個問題是：㈠潛隱的問題，亦即理論中的變數之間，因果定位不明。㈡理論未注意何為成為制度性以及反為非不能成為制度性的問題。㈢本體論的問題，即組織的迷失發展出真實，而真實又成為迷失的根源。㈣過度推廣的問題。

▌三、其他的缺點

　　除了上述四個問題或盲點以外，此一理論也忽略了去制度化的過程（deinstitutionalization process）。制度理論有些觀點不能被接受，有些則被其他觀點所取代。此一理論對於效率有時太過重視，有時又太看輕。這種太強調制度的重要性，以致似乎變成權威性的理論，後來幾乎被一種結合各種理論觀點的看法所推翻。在此種多重理論結合的觀點下，制度理論將失去重要性與權威性，必須要與其他理論結合才較有意義。

第十六章
未來社會組織的模式

　　本書在最後一章，將由總體的觀點探討未來大社會組織可能發展的數種模式，在未指出可能發展的社會組織模式之前，先探討數種重要的影響力量或因素及其性質的趨勢。

第一節　影響社會組織模式的力量或因素及其性質的趨勢

■一、經濟力量及政治力量都很重要

　　影響未來社會組織的力量或因素，有兩種重要且不可忽視者，第一種是經濟力量或因素，第二種是政治力量或因素。經濟力量對社會組織影響之所以重要，是因為人類社會必須要過經濟生活，經濟生活成為人類生活的最基本面，也是最重要面，且經濟因素提供各種社會組織的力量與秩序，可見經濟力量或因素對社會組織的影響重要。雖然近來有人認為因為經濟資源變為豐富，使經濟力量失去其對社會組織影響的重要性。但此種說法並不可靠，其實當經濟資源變為豐富時，表示經濟因素介入社會生活的分量越多，何況未來地球上經濟資源減少是可預期之事，因此經濟力量與因素的重要地位並不可能喪失或減弱。

　　政治力量之所以重要，是因為各種社會組織的內部都有權力在運作與左右，而權力的運作具有很高的政治性。政府的政治主要在管理眾人之事，也包括管理由眾人所組成的社會組織，不僅是社會組織的設立會受到政府設定的規則所管制，社會組織的營運也都會受到政治力量的干預與管制。

■二、傳統的社會因素或力量的影響力減弱

　　傳統社會因素或力量的減弱可從氏族關係、人身關係在小團體、家庭及鄰里及社區等組織中逐漸削弱見之，但這並不表示此種傳統的力量或因素對組織已全無影響。其對下面所要舉出的各種組織模式的

分量與地位都會有影響。

■三、社會組織規模與範圍擴大

　　影響未來各種不同社會組織模式比重分配的另一重要因素，是社會組織的規模與範圍普遍會更加擴大，此種因素的變化趨勢一方面與人口數量可能增加有關，另一方面則因組織間的競爭將更激烈，各個社會組織有必要擴大規模與範圍來增強其競爭力。

■四、國際間的關係更為密切

　　未來的世界因為交通通訊的發達，人民追求的目標更加寬廣，以及國家功能的限制，致使國際間的關係將變為更加密切，此種因素或力量也將影響各種社會組織模式之間的消長。

■五、社會組織依存在社會權力的基礎上

　　未來權力結構因素對於組織模式分配的影響將更加重要，原因在於權力的集中與運用可增進組織的效能，使其增加競爭力，因而組織的結構與模式受到影響而發生改變。

第二節　多元社會（plauralistical society）的組織模式

　　未來社會組織將會出現一種最普遍的模式是多元的組織結構。將此種社會組織模式的理論基礎、重要性質，及其受到的批判，分別述說如下。

■一、理論基礎

　　多元社會的思想來自政治的民主理念及社會的分工理論。西方社會的政治民主理念起源很早，可追溯到亞里斯多德，至十八世紀時孟德斯鳩（Montesquieu）則主張立法、行政及司法三權分立。這些思想

與理念都在限制政治的獨裁與殘暴，使政治能走向民主化。正式使用社會多元主義（social pluralism）一詞者是麥迪遜（James Madison）。他指出社會多元主義包含了政治多元主義，政治多元主義則強調由民間組成各種結社（associations）來節制政府的權力。

社會多元主義的思想因涂爾幹（Emile Durkheim）的分工論（division of labor）孕育而成。涂爾幹認為維持複雜社會的多元化是重要的，在一國之內靠許多次級團體來吸引個人並共同維護國家組織。在工業化及都市化的國家，尤需要信賴職業團體來盡此功能。若無這些次級團體的凝聚，則國家將會失去整合。

■二、多元社會的組織模式

多元社會的組織模式，可從兩方面看出精義。㈠權力的分散化，㈡社會組織的層級性。就此兩方面的性質再進一步說明如下。

㈠權力的分散化

在多元社會中，權力分配是分散的，呈現分級的狀態。社會中包含許多團體、結社與組織，這些團體、結社或組織介於個人與大社會之間，卻獨立於政府之外，各擁有某些權力，其中也包括由政黨掌握權力，但其權力是有限制。

社會中的個人，可能同時參與或隸屬多個組織或團體，因此各團體的成員會有重疊性，每一個組織乃無法要求其成員全部投入或奉獻給單一組織。

㈡社會組織的層級性

多元社會中的中介團體，扮演個人及政府間的中介角色，並組成社會的結構性。這些中介團體一方面提供規範及制度來約束個人，不採群眾示威或革命方式來對抗政府或實現偏差行為，另方面則使其有機會去接近政府，向政府訴求，並影響政府。

中介團體為能有效完成中介政治功能，規模不能太小、也不能太大。太小無法形成足夠的影響力，太大則無法親近成員，成員也無法影響組織。因為此種矛盾性，致使社會中的中介團體會分成若干層

級，先由個人結合成為小團體，進而再由類似的小團體結合成結社
（associations）。

■三、多元社會模式受到的批判

社會理論的批判者對多元社會模式有三種重要批判，這些批判如
下所述。

㈠多元社會中的各部門未能真有和諧的興趣

多元社會假設社會中的各部門興趣很自然協調，但此假設並不真
實。缺乏此種前提條件，多元社會可能無法活動或將被摧毀。事實上
能效忠中介團體的個人，並不保證都能效忠全社會。當社會變遷時，
各中介團體受到的影響不同，對社會及政府秩序也不覺得很合適，因
而會有極端的反應與衝突。

㈡在多元社會中難免要集中權力，但卻與多元的各種價值相衝突

多元社會中著重推動分殊化及結構差異的功能，為能整合分殊化
及差異性的各部門，難免要集中權力與施展行政措施，但此種行為與
多元化的許多基本價值相背離。故多元社會模式是否真能調和，並有
規則及有計畫，而不用集中式的權威來控制，不無疑問。

㈢中介團體對政府的控制無力

現代國家政府對社會各部門掌握了控制權。各部門不論組織多完
美，對政府少有控制能力，因此多元主義對現代複雜的社會並不能多
作註解。

總之，多元社會常以美國為代表，但究竟美國社會是否為多元社
會，據實際的統計資料顯示，表示加入志願性結社的人為數不多，不
過隨著人民接受教育的程度提高，成為結社成員的可能性則將會提升。

第三節　社會主義社會（socialistic society）的組織模式

一、社會主義的含義

　　社會主義強調社會至上，其形式有很多種，但其最終目標是有飯大家吃，或說由社會上的所有人共享社會的所有。社會的存在是為服務所有人，而不是僅為了服務少數的菁英分子，因此，社會上的每一個人獲有享受生命最充分的機會，為能達到此種目標，社會生活中的個人及社會集體責任替代了個人的自我興趣。

　　社會主義社會採用的政治安排是在推動個人及社會達成充分的發展。但誰能作此安排與決定，結果是由少數社會菁英決定全社會興趣。當今的瑞典是高度社會主義及民主的國家，蘇聯則是兼併社會主義與專制政治結構，許多其他的國家則處於兩者之間

二、社會主義社會的經濟制度

　　因為在社會生活中經濟生活是最重要的一環，故社會主義信仰者主張經濟利益應歸全社會所有，而不能歸私。為能達到經濟利益公有化的目標，過去馬克斯主張經濟生產工具歸政府所有，但今日許多社會主義國家認為不必如此安排，而提出下列多種建議。

　　㈠政府只控制若干特定的關鍵工業，如鋼鐵。

　　㈡政府只設定重要的經濟活動法規，如銀行及交通，但不必去控制。

　　㈢經濟活動與制度要經由社會規劃。

　　㈣所得、繼承等經濟來源要課稅。

　　㈤推動充分就業。

　　㈥實施各種社會福利制度，包括保障個人免於貧窮、失業、老人失依及醫療危機。

(七)設置生產及消費合作社。

(八)充分提供教育及訓練機會。

(九)廢除階級、種族、宗教及其他障礙。

(十)保障個人最低所得。

(士)使勞工直接參與工作組織的管理

(圭)創設職業社團，保護個人的各種工作權。

(圭)組設政黨為各種階級民眾代言。

以上各點不能僅作為一種思想，而是要持之不斷實踐。

■三、與共產主義的區隔

雖然有人將社會主義與共產主義劃成等號，但其間有區隔，必要加以注意，兩者間的重要差別有三點。

(一)財富分配的方式不同

共產主義主張個人各取所需，強調經濟平等，消除個人間的經濟差異。但社會主義強調經濟利益用於共同福利（common welfare），個人間的財富分配不必相同，強調經濟正義（economic justice），每人可有充分機會享受經濟利益。

(二)政府擁有的企業權不同

共產主義將政府控制工業看為絕對必要，如此階級及階級衝突才能化解。但社會主義者認為政府必須控制企業，只是為達成更大目標。

(三)社會變遷的性質不同

共產主義要求經濟、政治與社會變遷之間是可分割的，全社會必須立即改變，常經由革命改變；但是社會主義傾向尋求演化式的逐漸變遷。

■四、社會主義社會受到的批判

社會主義社會在理論上受到的主要批判，是其要求以政府的集中權力來達成目標。此種制度將引來政府權力過大，公眾對經濟的控制

困難，政治菁英會透過政府組織來引導經濟。在權力過於集中的過程中，個人權利易被剝削，多元主義也會被否定，此種制度可能導致政府的壟斷。

第四節　大眾社會（mass society）的組織模式

▌一、性質

所謂大眾社會（mass society）是指社會中的個人是孤立的，彼此間的接觸很不人性化。社會關係不固定，社會中的中介團體喪失，社會中的個人對社會也充滿疏離感，人與人之間的關係只建立在同一國家之層次上。

社會中缺乏可以連結個人與社會的中介團體，或說雖有這些團體，卻都失去功能。社會中雖有廣大的組織，如大企業、大都會、政黨及工會等，但這些大組織卻未能包容個人，並使個人參與其中。

▌二、社會菁英分子的力量微弱

大眾社會中由少數菁英在統治社會，這些菁英主要為政治領袖，但其能力並不特別強壯，因有五個原因所導致。

㈠缺乏中介團體，可與民眾相結合。因此未能有效控制個人的行動及集體活動，只能靠媒體來接近民眾，未能建立社會關係。

㈡社會菁英很難尋求並獲得合法的維護，因為除了政府之外，少有其他組織可給予支持。

㈢沒有設置辦法來從民眾中找出新領袖。社會中只有菁英與非菁英分子，缺乏中間等級的人。

㈣菁英不能有效處理公眾事務，令公眾失望及造成社會秩序混亂的問題，只能看壓力與緊張繼續發生。

㈤菁英面對專橫及極端的壓力，乃易形成群眾運動及革命。

由於上述的原因，社會菁英無法對示威或暴亂能作有效的處理。

▌三、大眾社會的功用與問題

㈠功用

雖然大眾社會有上述的特性及缺點，但也有其功用。重要的功用有三項：㈠繼續鼓勵社會變遷，㈡防止極端的政治成長，㈢促進個人的自由。

㈡問題

大眾社會的主要問題包括：㈠社會中的個人常是被創造的，卻很不穩定，㈡菁英的力量微弱，㈢社會會因為大眾易變，以致容易傾向激烈的衝突與變遷，㈣為解救社會懸掛在混亂狀態的危機，社會菁英乃會試圖增強力量，朝向獨裁專制。

第五節　極權主義社會（totalitarian society）的組織模式

▌一、模式的興起及例證

鑑於在大眾社會模式下，菁英分子軟弱無能，社會傾向猛烈的衝突與變遷。社會的菁英乃試圖強化其力量，解救社會免於進入混亂狀態，於是導向極權主義。

在人類歷史上不乏極權主義的統治方式。在二十世紀內極權主義曾接近人類的社會。希特勒統治下的德國、史達林統治下的蘇聯、毛澤東統治下的中國，以及蔣介石統治下的台灣，都接近此種社會組織模式。

▌二、極權主義下的社會組織及制度

在極權主義下，權力集中在少數政治領袖的手中，政治菁英既專權，也獨裁，少與其人民洽商。菁英獨裁者藉其權力創造了專制政

府，控制社會生活的各部分，包括控制政府、經濟、教育、媒體、交通、宗教、醫療、商業等，社會上每個人的行為及內心也都受到獨裁者的控制。總之，這種社會具有高度的組織性、整合性、及制度性，使國家及社會由少數政治領袖所控制。

在極權社會模式下的社會秩序與制度完全換新，將社會原有的社會秩序與文化加以廢除，將原有的社會關係與社會組織加以限制或破壞，並切斷個人與外界權力的原有關係。將社會中的各種組織納入國家的控制，作為附屬團體，為國家做事並謀利益。

■三、極權主義社會的三種特性

極權主義社會的特性，可歸納成下列三大點。

㈠一黨專政

在極權社會中政黨只有一個，不准有反對黨存在。黨的權力高於一切。個人要獲得重要的社會職位必須入黨成為黨員，聽命黨的指揮，國家以黨領政，黨意透過領導路線深植每個黨員，也藉著貫徹黨意來控制全國的人民。於是全社會成為一個集體單位，國家由少數菁英所領導，其中一人為最高領導者。

國家各附屬單位的領導者都由黨指揮，這些單位包括工廠、商業、軍事單位、傳播媒體及其他重要組織。單位的領導者都聽命黨意來治理機關單位。

㈡一致性的思想意識

極權主義有其特殊的思想意識，重要的思想意識特性有下列四點。

(1)以菁英宣布的價值為全社會的價值；(2)烏托邦的思想性質，要求全社會順著一種新路線來過一種理想的生活方式；(3)思想意識是完全概括的，適用於所有地點及人民生活的各方面；(4)範圍是普遍的，也即涵蓋所有的人民。

以上四項一致的思想意識可使領導者的權力合法化，使社會目標合乎道德，使達成目標的方法能合乎正義。這種思想意識排斥社會重建及社會改善架構的出現。極權主義的思想理念不斷倡導的結果，終

究能在人民心中成為一種真理。

(三)無限制的社會控制

　　極權主義社會的菁英，使用各種社會控制方法來宣傳其思想理念及強行其權力。重要的方法包括：教育、運用交通網絡、准許民眾只能接受選擇性的訊息，教師及作者必須獲得黨的同意，其行為長期被監視，其發言與作品要經檢查。學校及少年社團被用作社會化的機構，塑造年輕的一代成為政權的忠誠支持者。法律與法院也成為政權的工具，法官都受政黨所控制。多數的犯人都為政治犯，暗中跟蹤及自白都為法律的補助工具。此外，政府也由控制軍隊來鞏固政權。極權主義的統治所使用的恐怖統治工具，還包括祕密警察、地下工作人員、電子間諜、及坐牢、放逐、誣告等手段來強迫個人服從政黨及其領導者。

▌四、功能

　　從功能的觀點看，不易看出極權主義的失誤。此種社會組織模式使用嚴密的社會組織，並運用集中的權力使社會有效達成其追求的目標。給其足夠的時間，極權政體可維持相當整合及穩定性。此種政權若會動搖，都由其他的權力菁英所推翻。但宮廷內鬥的結果，很少產生另一種政治組織或政體，重新出現的是另一群極權獨裁者。

▌五、批判

　　極權主義社會受到的批判不是在其無效率，而是在於得不到人民的喜愛，因其違反了社會生活的許多重要價值。代之而起的非極權組織模式必也在功能上需要集中權力來有效協調及制定法規，但社會上的多數人卻又喜歡權力分散。此種問題或許可由系統社會模式來解決。

第六節 系統社會（systemic society）的組織模式

■一、系統社會展現社會系統的性質

由於名稱的隱喻，系統社會首先展現了社會系統的性質。重要的社會系統性質則共有下列六點：㈠清楚界定社會範圍，㈡含有許多小單位，㈢各社會單位之間互有關係並相互依存，㈣社會中的各小單位存有制度化，也為社會盡功能並與社會價值相結合，㈤各副單位都具有功能自主性，㈥高度的功能與規範整合，使社會能時常維持穩定性。

以上社會系統所具有的六點重要性質，在系統社會中也都具有。

■二、其他重要的社會組織性質

系統社會除含有上列六點社會系統的性質外，還有其他若干重要的性質，將這些其他的重要性質再列舉說明如下。

㈠展現自我設定規則的過程

系統社會會依照其分子的信念，而自設規則，追求其目標。重要的規定包括其範圍、價值、政府、經濟等，而其追求的重要目標則包括經濟福利、科學發現、醫術創造及建構休閒等。

㈡彈性應對社會衝突與社會變遷

系統社會頗能正面應對社會衝突與社會變遷，對於衝突與變遷頗能適當加以管理，能以高度的彈性為之應對並加適應，不使衝突與變遷導致激烈的破壞與革命。

㈢社會的權力分配傾向分散化

系統社會是複雜的，包含許多小系統及小單位，每個小系統及小單位都有其特殊功能，也享有權力去盡功能。社會中的重要小系統包括交通、運輸、教育、醫療、法律、科學、宗教、住宅、娛樂、公共行政、外國事務等。每個小系統內都要自我決策、自我解決問題、自

我控制,並為其他系統盡功能,故是一個行政過程,需要有運作的權力。

在系統社會中,國家只是整個功能網絡中的一部分,對社會的其他部門並不占優勢。政府的責任在協調與整合社會各部門的功能與職責,而不是在支配或統治各部門。然而各部門的權力卻也需要有所限制。

㈣社會目標靠制度及全民參與來達成

當社會分成許多功能網絡,各網絡又自我決策與管理的同時,全社會性目標的達成及功能的克盡將由兩個途徑解決,一是以制度化的社會責任來行事,二是由全體社會成員的參與。

㈤社會需要政治菁英來管理政治事務

政治菁英的選取依據政治價值,唯菁英的權力必須受到限制。

㈥社會也由設立議會來制衡行政權力,使政治民主化

議員或其他民代設定任期制,並代理民意,行使民意,但民意也可直接表達。政治民主化的行使,有必要將代表政治價值的官方與代表技術的專家分別處理。

■三、預測系統社會組織模式的假設

系統社會至今尚未出現,預測此種社會會形成,係基於下列四種假設。

㈠多元社會非為有效控制複雜社會及政府優勢社會的有效工具。

㈡至今社會主義未能適當處理社會權力秩序的問題。

㈢大眾社會不可能穩定存在,長久以後難免走向極權主義。

㈣極權主義將摧毀許多社會價值及行動與政治的自由。

基於上述四種假設,未來系統社會將會出現。此種社會的性質是包含了許多特殊功能的社會系統,政府的行政系統只是其中之一,這些社會的副系統必須結合成一體,但權力都要分散。

■四、系統社會與多元社會的差別

系統社會在許多方面的性質是多元社會的推廣與補充，但兩者間卻有差異，由比較其間的差異，將更能清楚看出系統社會的真正性質。重要的差異可從以下三方面的分析見之。

㈠系統社會比多元社會更崇尚權力分散的觀念

多元社會中，政府的權力雖然受到中介興趣團體所限制，但仍處於優勢地位。但在系統社會中，政府的政治權力只是社會多種平權功能網絡中的一種，並不居於優勢地位。

㈡在多元社會中經濟系統出現競爭市場，但在系統社會中經濟系統則是存在相對權力的模式

在多元社會中的競爭市場經濟體系，權力受許多獨立單位間的競爭力所控制。但在系統社會中的相對權力模式下，經濟組織的權力則受其相對的單位，如工會及消費者團體等所限制。

㈢在多元社會中將組織分為公私兩類，但在系統社會中公私組織混合不清

在多元社會中，中介組織都為私立或私營的，政府代表公共或公立的組織。但在系統社會中，各種中介組織同時包含有公私立性的。其中公立的或公營的傾向推動社會福利，受強列的社會責任所引導。私立的或私營的組織則受其分子所控制，資金來源也由其自籌。

參考書目

一、中文書目

江岷欽，1993，組織分析，五南圖書出版公司印行，共 403 頁。

林萬億，1997，團體工作，三民書局印行，共 497 頁。

國立台灣大學農業推廣學系，1994，強化農民團體服務功能——改進
農會組織與功能之研究，行政院農委會贊助，共 460 頁。

張苙雲，1984，組織社會學，三民書局印行，共 332 頁。

陶藩瀛譯，1996，組織結社，基層組織領導者手冊修訂版，心理出版
社有限公司印行，共 432 頁。

彭文賢，1983，組織原理，三民書局印行，共 421 頁。

蔡宏進，1993，農民基層組織的原理與實務，國立台灣大學農業推廣
學系編印，共 167 頁。

二、英文書目

Bedelan, Arthur G., 1984, *Organizations, Theory and Analysis, second edition*,
Text and Cases, pp513

Bedelan, Arthur G. and Raymond F. Zammuto, 1991, *Organizations, Theory
and Design*, The Dryden Press, pp654

Blau, Peter M. & W. Richard Scott, 1962, *Formal Organizations,* Chandler
Publishing Company, pp312

Dessler, Gary, 1976, *Organization and Management*, A Contingency Ap-
proach, pp433

Dessler, Gary, 1980, *Organization：Integating Structure and Behavior*, Pren-
tice-Hall, Inc. Englewood Cliffs, New Jersey, pp429

Dessler, Gary, 1986, *Organization Theory, Integating Structure and Behavior,*
Prentice-Hall, Inc, Englewood Cliffs, New Jersey, pp477

Draft, Richard L., 1992, *Organization Theory and Design*, West Publishing

Company, St. Paul Mn, USA, pp558

Draft, Richard L. and Richard M. Steers, 1986, *Organizations, A Micro/ Macro Approach*, Foresman and Company, pp618

Etzion, Amitai, 1964, *Moder Organization,* Prentice Hall, Inc, Englewood Cliffs, New Jersey, pp120

Gibson, Ivomcevich, & Donnelly, 1979, *Organization, Third Edition, Behavior, Structure, Process*, Business Publication, Inc., pp596

Grusky, Oscar, and George A. Miller, 1981, *The Sociology of Organization,* The Free Press, New York, pp565

Haas, J. Eugene, and Thomas, Drabek, 1973, *Complex Organizations, A Sociological Perspective*, The Macmillan Company, New York, pp416

Hall, Richard H. 1982, *Organization* ：*Structure and Process,* Prentice-Hall, Inc, pp356

Hall, Richard H. 2002, *Organizations* ：*Structure, Process and Outcomes, Eighth Edition,* Pearson Education, Inc, New Jersey, pp324

Kast, Fremont/James E. Rosenzweig, 1979, *Organization and Management, System and Contingency Approach,* Mcgraw Hill Book Company, pp644

Kelley Harold and Others, 1983, *Close Relationships,* W. H. Freedman and Company, New York, pp572

Melcher Arlyn, 1976, *Structure and Process of Organization, A Systems Approach,* Prentice Hall, Inc, Englewood Cliffs, N. J. USA. pp461

Nimkoff, M. F. ed. *Human Behavior and Social Process, An Interactionist Approach, Arnold M. Rose Editors*, Houghton, Mifflin Company, Boston, pp680

Olsen, Marvin E. 1968, *The Process of Social Organization, Hot, Rinehart and Winston,* New York, Chicago, San Francisco, Atlamta, Dallas, Montreal, Toronto, London, pp361

Schneider, Benjamin, 1990, *Organization Climate and Culture,* Jassey-Bass Publishers, San Francisco, Oxford, pp449

索　引

國家圖書館出版品預行編目資料

社會組織原理／蔡宏進著.
--初版.--臺北市：五南，2006［民95］
面；　公分
參考書目：面
ISBN　978-957-11-4202-9（平裝）
1.社會結構
546　　　　　　　　94025033

1JAQ
社會組織原理

作　　　者 — 蔡宏進(367.1)
發 行 人 — 楊榮川
總 編 輯 — 王翠華
主　　　編 — 陳姿穎
責任編輯 — 李敏華
出 版 者 — 五南圖書出版股份有限公司
地　　　址：106台北市大安區和平東路二段339號4樓
電　　　話：(02)2705-5066　傳　　真：(02)2706-6100
網　　　址：http://www.wunan.com.tw
電子郵件：wunan@wunan.com.tw
劃撥帳號：01068953
戶　　　名：五南圖書出版股份有限公司
法律顧問　林勝安律師事務所　林勝安律師
出版日期　2006年2月初版一刷
　　　　　2016年10月初版二刷

定　　　價　新臺幣380元